究極の学び場
京大吉田寮

実生社編集部◆編

実生社

もくじ

第Ⅰ部　学び、暮らし、自由を考える場

茶室で一服

京都大学吉田寮の最新情報は、公式ウェブサイトをご覧ください。

京大吉田寮公式サイト
https://yoshidaryo.org/

I

学び、暮らし、自由を考える場

吉田寮ってどんなとこ?
——建物・自治・歴史のかんたんな紹介

冨岡　勝
Tomioka, Masaru

近畿大学教職教育部教授。1964年生まれ。1983年京都大学教育学部に入学、1983〜89年在寮。日本教育史の分野で学生自治の歴史を研究。

吉田寮の建物

さいしょに吉田寮のことを簡単に紹介しておきたい。京都大学吉田寮は、京都市左京区の京大吉田南構内に現存する学生寄宿舎である。

築１００年をこえる「現棟」及び食堂と、２０１５年に建てられた「新棟」で構成されている。北・中・南の3棟を玄関などの管理棟でつなげた木造2階建ての現棟は、１９１３（大正２）年に建てられたもので、現存するなかでは日本最古の学生寮であろう。

食堂は現棟と同じく１９１３年に建てられ、京大最古級の歴史的建造物の保存活用として、２０１５年に補修された。１９８９年までは食事を提供し続け、以後の約30年間は地域にも開かれた音楽、演劇、講演などのイベント会場として広く知られている。

なお、建築家の山根芳洋氏の調査実測によって、１８８９年７月に竣工した旧制第三高等中学校の寄宿舎と食堂が、１９１３年の現棟に転用・移築されたことが明らかにされた。その事実を踏まえると、現棟の階段や食堂の柱などは、明治中期の学生たちが触れていたものと同じである可能性が高いことになり、現棟と食堂の歴史的・文化的価値はさらに高いといえるだろう。

現棟と食堂は、巨大なイチョウ並木の奥に位置して、独特の雰囲気を醸し出しており、学生や地域住民から長年親しまれている。本書の中尾氏（１２４頁〜）や細入氏（１１９頁〜）からのメッセージのように、吉田寮は寮自治の伝統とともに、高い価値をもつ歴史的建造物という側面をもつ。

自治による運営

東京大の駒場《こまば》寮（２００１年に廃寮）、北海道大の恵迪《けいてき》寮、東北大の明善《めいぜん》寮とともに、吉田寮は「日本四大自治寮」に数えられている。京大創立時より、１００年以上にわたって、寮運営や入寮者の選考手続きは寮生の自治によって担われている。

ただし、本書の記述にもあるように、寮自治は各時代の寮生の様々な試行錯誤を

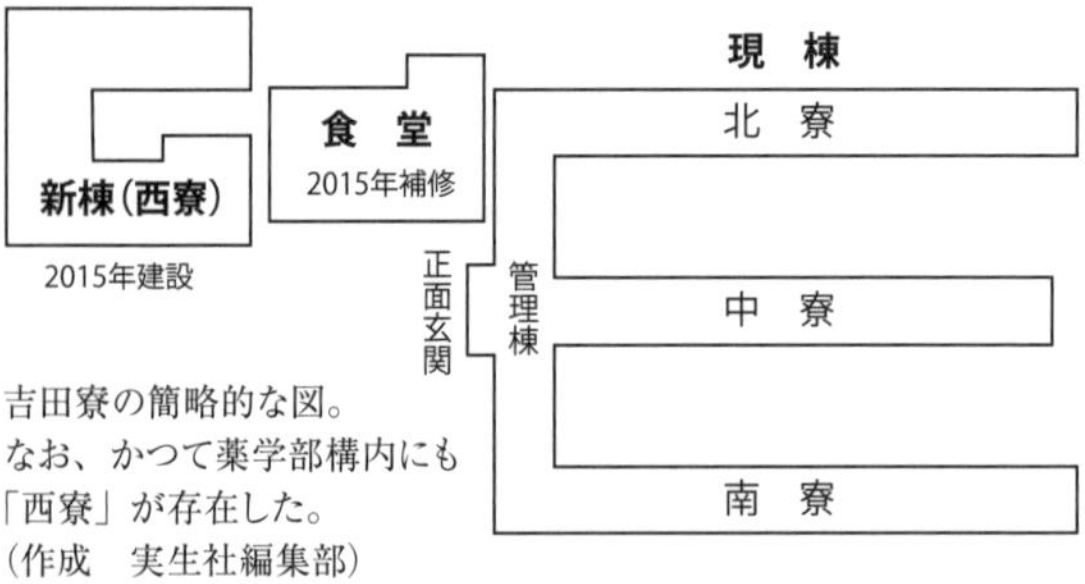

吉田寮の簡略的な図。
なお、かつて薬学部構内にも「西寮」が存在した。
（作成　実生社編集部）

通じて実施されていったので、寮自治の形態や方法は時代を越えて共通している点もあれば、時期によって少しずつ異なっている点もある。

寮自治の伝統と京都大学

「寮は学生の切磋琢磨の場であり、大学の研学修養上の重要な機関である」という趣旨の告示（1906年1月19日）を出した初代総長木下広次《ひろじ》をはじめ、各時代の京都大学関係者の多くは、吉田寮の伝統を尊重してきた。木下広次は1890年に第一高等中学校で寄宿舎自治制を許可した校長としても広く知られた人物である。ちなみに私は、この木下広次がなぜ寄宿舎自治を重視したのか、この人物の教育思想の全体像を明らかにしたいと思い、少しずつ研究を進めている。

1980年代前半には大学が吉田寮の廃寮に向けて「在寮期限」を設定していた時期もあった。しかし、学内外の理解・協力と寮生のねばりづよい交渉を通じて、大学側の方針も少しずつ柔軟になっていった。1980年代後半に総長をつとめた西島安則が「本学の学寮の歴史を振り返り、京都大学らしい解決方法を熟考した」「寮生との間で厳しい状況の中にもお互いに心を開いた話し合いを持ちうる環境の生まれることが大切であった」（『京大広報』375号、1989年7月7日）と語っ

京大最古級の歴史的建造物である食堂。
（イラスト　匿名ニャンキャット）

たように、１９８０年代後半に「在寮期限」が到来しても強制的な追い出しは行われず、廃寮方針は１９８９年に終止符を打った。大学と寮生との協調を基本とした関係は、２０１５年ぐらいまで継続することとなった。

しかし近年、意思決定機構の変化などの大学再編を背景に、大学は従来のような寮生との話し合いを行わない動きを見せ、吉田寮は再び存続をめぐって揺れている最中である。

存続をめぐって揺れる吉田寮の状況は、近年、多く報道されるようになっているので、目にした人もいるかもしれない。例えば２０１７年12月から２０１９年７月までの間に、全国紙・地方紙の吉田寮関連記事は少なくとも１６２本を数えたという報告もある（『京都大学新聞』第２６２７号、２０１９年７月16日発行、第４面）。

寮での体験

私は１９８３年から１９８９年に在寮していた元寮生であり、京大創設期の寄宿舎と初代総長木下広次との関係などについて教育史研究として公表している。そのためか、吉田寮のことで知人から話しかけられることがある。近年は、報道を見て吉田寮に興味をもった人から、「吉田寮にはどんな人が住んでいたの？」「昔の寮生活はどんな風だったの？」といった質問を受けることが増えてきた。こういった疑問は報道に接した方々が多くもつものなのかもしれない。

寮生として体験を少しでも紹介することは、こうした問いに答えるうえで有効ではないかと思われる。本書の座談会「個室と相部屋、西寮と東寮」（１００頁〜）を参照していただきたい。もちろん寮内のことがらは共に生活している寮生同士、当事者同士で話し合って解決していくというのが吉田寮の大きな特長であると思われる。したがって、卒寮してしまった者が現在の吉田寮を代弁できるわけではない。

しかし、卒業後の人生に吉田寮での経験がどのように関係しているかを少しでも紹介できれば、幅広い方々が吉田寮についての理解を豊かにしていく上で、何らかの役に立つのではないかと思う。その意味で１９６０年代に京大総長をつとめた奥田東の次のような言説は示唆的である。「寮の問題を考えるには、寮にいる学生の意見だけでなく、寮で暮らし、社会に出て、一年、二年経ち、さらに十年を経過した先輩の意見をも聞いてみる必要があると思う。多くの人々から建設的な意見の寄せられることを希望する」（寮内雑誌『去来』１９６５年2月発行）。

吉田寮史の概略

参考情報として、吉田寮の歴史をごく大まかにではあるが紹介しておきたい（吉田寮百年物語編集委員会編「吉田寮百年物語」連載第1回〜第4回［『京都大学新聞』２０１９年7月16日号、8月1日号、9月16日号、11月1日号］）。

①　1897年〜1912年

京都帝国大学として京大が創設された1897年から寄宿舎*が設けられ、1898年には旧制第三高等学校の寄宿舎（三階建）を譲り受けた。1905年12月には風紀問題のため木下広次総長は寄宿舎閉鎖を命じたあと、翌年1月、寄宿舎を「研学修養上重要ナル一機関」として改めて位置づけて再開した。これを受けて寮生たちは寄宿舎の自治的運営にいっそう力を入れるようになった。

②　1913年〜1945年

1912年まで百万遍付近にあった寄宿舎が廃止となり、1913年に新規宿舎が吉田近衛町に完成し、開舎した。新規宿舎でも寮生たちは木下初代総長の告示を踏まえて寮自治に力を注いだ。入寮選考は学生監（後の学生部長の役割）が実施していたが、1918年からは寮生も選考面接に参加するようになった。

また、1930年には食堂の自炊制（それまでは「賄《まかない》」と呼ばれた業者委託制であったが、寮生が炊事人を雇用）を開始した。自炊制については、奈倉氏の文章（89頁〜）で詳しく紹介されている。

＊吉田寮という名称が用いられるようになったのは、次頁にもあるように1959年以降。それまでは「寮生」ではなく、「舎生」と呼ばれていた。

③　1945年～1959年

敗戦後の混乱のなかでも寮自治は維持された。また、学生運動をめぐる大学と学生との間の緊張関係を背景に、入退寮への関与を強める必要性が寮生に強く意識されるようになっていった。1955年には寮生は従来の「舎生規約」を大改正して「自治憲章」とした。

④　1959年～1967年

1959年から「吉田寮」の呼称が定着するようになった。この時期、京大入学者数の増加に比して学生寮の定員不足が学生から批判されていた。他大学と比べて寮の定員数の全学生数比が低いことも指摘されていた。1963年から寮生による増寮運動が活発になり、その結果、1965年に熊野寮（第一期工事分）が完成した。

⑤　1968年～1977年

全国の大学で学園闘争が活発になっていた状況を背景に、寮生は大胆な運動方針を採用して1969年1月に学生部封鎖をおこなった。1971年の文部省・中央教育審議会は答申のなかで学寮を「紛争の根源地」と呼んだが、1977年の「竹本処分*」までは、京大当局は大学全体の学生運動への対応を優先していた。1971年には、吉田寮自治会・熊野寮自治会

*経済学部の竹本信弘助手が指名手配されたことを受け、分限免職処分が決定された。

と浅井学生部長との団体交渉で、吉田寮・熊野寮の委員会が入寮選考を実施して合格者氏名を京都大学新聞に発表する方式が確約された。

⑥　1978年〜1989年

「竹本処分」後の1978年ごろから、京大当局は、学寮の入寮選考方法や負担区分の未納入などを「不正常」として問題視するようになった。1982年12月には京大評議会で、「老朽化」を理由に吉田寮の「在寮期限」を1986年3月末とする決定が行われた。これに対して学内では大規模な反対運動が起こるとともに、以後、吉田寮へは1982年以前よりも多くの学生が入寮した。

学内の反対運動と、寮生と大学の粘り強い話し合いのなかで、強制的な追い出しは行われず、1989年には河合隼雄学生部長（のちの文化庁長官）と吉田寮自治会との団体交渉を経て、同年4月、評議会で「在寮期限」失効が確認された。

⑦　1990年〜2015年

1990年には留学生の受け入れを開始した。翌年には入寮募集の対象を大学院生、聴講生、研究生、医療技術短期大学部生に拡大し、さらに1994年には「京都大学学生との同居の切実な必要性が認められる者」に拡大した。

１９９６年には現在の新棟の場所にあったサークル棟から出火した火災で食堂調理場を消失した。*

寮自治会と大学との間で、現棟の老朽化対策として建て替えの交渉が続いていたが、２０１２年、寮自治会は現棟の補修を求める方針を公表した。同年、赤松明彦副学長との団体交渉で、赤松副学長との間で、現棟補修の継続協議、新棟建設、食堂補修を合意した。

⑧　2015年〜2020年

２０１５年に食堂補修と新棟建設が完了。

２０１６年、川添信介副学長が吉田寮自治会との団体交渉の拒否を表明。２０１８年７月と8月に少人数交渉が行われたものの川添副学長は一方的に打ち切り。

２０１７年12月、京大が「吉田寮生の安全確保についての基本方針」を公表し、入寮募集停止と翌年9月末までの寮生の退去を求めた。

２０１９年2月、寮自治会が、京大と合意できれば5月末で現棟での居住取りやめを表明するが、京大は同年4月、寮生20人を相手に現棟・食堂棟の明渡請求訴訟を提起。7月（第１回）、10月（第2回）、12月（第3回）に京都地裁で明渡裁判の口頭弁論実施。


*伊藤江利子「寮食堂が燃えた日」（１３０頁〜）に詳しい。

２０２０年３月、大学は寮生・元寮生25名を追加提訴した。９月（第４回）、12月（第５回）に京都地裁で口頭弁論。

この文章が、多くの方々が吉田寮を豊かに理解していくための手がかりの一つとして、もし役立つようなことがあれば大変嬉しい。

編集部による補足

本章における注は、編集部が記載した（以降、とくに記名がない注も同じ）。

参考文献として、冨岡勝「京都帝国大学における寄宿舎「自治」の成立とその変化」『日本の教育史学』（38巻、１９９５年）がある。

吉田寮自治会執行委員会による「吉田寮小史」が、以下の『吉田寮紹介パンフレット２０２４』*で公開されている。明渡訴訟の経緯も記されている。https://pamphlet.yoshidaryo.org/紹介パンフ2024/1677/

*『吉田寮紹介パンフレット２０２４』の電子版へのリンクはこちら。

「話し合い」と「自由」、そして歴史と現在
――最新式のアクティブ・ラーニング仕様の素敵な教室よりも、寮の食堂や大部屋で議論するほうがずっと楽しい

佐藤公美
Sato, Hitomi
京都大学大学院人間・環境学研究科教授。1973年生まれ。1992年京都大学文学部入学。

私は1990年代の5年間を吉田寮で暮らした。縁あってこの文章のお誘いをいただいた時、最初は躊躇した。あれから長い時間が経っていたし、私はその間に京都を離れ、当時は寮との直接的なつながりがかなり薄れてしまっていた。私の記憶の中では、寮は常に生きた暮らしの場だったから、そこで今生きている人にも空間にも直接つながっていない状態で何かを語る、というのが、自分の中にうまく収まらなかった。それでも編集の方々と（メール上で）言葉を交わしながら、それも一つのつながり方かな、と思い直し、実際に書き出してみると、なかなか切ない。おかしな抽象化や解釈をついしてしまうことが自分自身に対して奇妙に気恥ずかしいかと思えば、それも愛すべきことのように思えたりもする。これも相手が吉

田寮だからなのだなと思った。特定の目的にそって、特定の対象のある一側面について書く文章なら、こういう気持ちにはならないから。

「話し合う」ということ、自由と自治

吉田寮で私が何を学んだのかと言われれば、真っ先に言えるのは「話し合う」ということ、つまり自治の根幹にある営みだ。それが寮という場所での「自由」の意味だと当時の私は理解していた。私は在寮中に中世イタリアの自治都市の研究で卒業論文を書き、現在もふだんは中世イタリアの共同体や社会集団の研究をしている。寮と研究の間に因果関係があったのか？と言われれば、今振り返ればこんなふうだったのではないかと思う。歴史が好きで、過去の人間の営みから「人が自由である／になる」ということ、人が自らの運命を自分の手に握るということを理解したいという漠然とした思いを持って大学の門をくぐった私の最初のキーワードは「自由」であった。それを「自治」という相に落とし込むきっかけの一つになったのが寮だったのかもしれない。今考えている以上、当時の記憶に無意識にもあれこれと歴史学的な解釈の道具を持ち込んでしまうので、実態からずれている可能性はある。それでも改めて言葉にしてみると、吉田寮は長短さまざまな歴史的時間が重層的に共存し、影響しあっていた場所だったように思われる。どうも吉田寮の話し合い＝自治の性格の、少なくとも一部、特

に「自治」と「自由」の関係は、寮そのものの歴史よりずっと長い歴史の中において考えた方がよく理解できるような気がしてしまう。

吉田寮は特殊な意味で「自由」な空間だった。これは人が普遍的に持っている人権としての生まれながらの「自由」という意味でもなければ、束縛がなく好きに振舞えるという意味での「自由」でもない。共同生活の場には、人と人が一緒に暮らすということに由来するたくさんの束縛、「約束ごと」がある（総会*や寮生大会に参加する義務とか、掃除当番とか草刈りとか）。そして自分の考えや常識を人に押し付けない、ということも「約束ごと」。完璧に守らない人ももちろんたくさんいたし、私自身そこそこルーズな寮生だったから、当時の同寮生の顔を思い出すと、実はあの時はサボってたんだ、ごめん、等々と謝りたくなる。けれど、大事なのはこの「約束ごと」が自分たち以外から降ってきたり押し付けられたりするものではないということだった。外側の権威や規則を持ち込まずに、すべてを話し合っていく。だから寮生は寮の外側にあるしがらみや常識（という、いつのまにか身に付いた思い込み）や権威との結びつきからいったん解かれている必要がある。そういう意味、つまり、一人一人の行動や考え方を束縛するものから「解き放たれている」という意味で、寮は「自由」だったのである。

この自由は、それを享受する人に努力を求める。私たちは地上に生まれた瞬間からいわゆるイデオロギーのシャワーを浴び続けているから、そういう自分から自分自身を解放する必

*全寮生が出席して意思決定を行う場。

要があるし、そのためには他人の目を介した自己検証や反省を続けなければならない。ならない、というより、そうすることが善くて素敵なこと、あるいは価値のあることだと、少なくとも私は思っていた。だから話し合うということは、たくさんの時間を使い、夜通し議論して自他ともに批判しあう、心身ともに文字通り消耗する、相当に面倒なことではあったけれど、そうであればこそ、本当に楽しかった。どちらが鶏か卵かわからないが、寮生の中にはそういう面倒を楽しみに変え、持続可能にするセンスと才能に長けた人が多かった。議論に疲れると冗談が飛び、よく笑った。

もちろんどんなに「自由」に見える場所にも、時間とともに内部の常識や思い込みが蓄積していく。だから寮の在り方自体を反省的に検証し変え続けることが必要で、メンバーが入れ替わり、寮外生や他の寮と交流と協力を続けること、つまり常に変化し、開かれてあることが、吉田寮が吉田寮であり続けるために必須でもあったと思う。熊野寮、女子寮、地塩寮や駒場寮その他全国の寮との往来や、寮食堂で音楽、演劇、サークル活動する個人や団体、その他、大勢の出たり入ったりする寮外生が寮の不可欠の一部であった。また、議論は公式の議論の場以外のつながりに支えられていて、そういう場所には若井さん*（を「受付の職員さん」と呼ぶと奇妙な違和感があり、若井さんは「若井さん」である）、猫のドラとクロと犬のぬいがいてくれた。

＊若井眞由美さん。１９７６年頃から２０１１年にかけて、大学の職員。

中世的自由／公界／アジール

さて、寮の外側のしがらみや拘束から「解かれている」という意味での自由は、言ってみれば中世的自由だ。中世ヨーロッパなら特定の共同体が中間的領主権力の裁判権や課税やその他の強制から免れる特権を libertas（通常「自由」と訳する）と呼んだ。中世日本にこれに比較的近い概念を探すなら「公《く》界《がい》」だろう（日本とヨーロッパのこれに似た諸問題についてはすでに網野善彦氏と阿部謹也氏が議論している）*。アジール性や公界性は、理屈の上では血縁や主従の「縁」を断ち切る「無縁」の場に実現し、人間集団としては誓約団体や合意によって創出される契約的な集団の紐帯となる。ヨーロッパ中世に完全なる「無縁」はむしろ稀だと言ってよく、それが都市であれ村落であれまたは盟約であれ、何らかの従属の絆を内包していることが多い。けれどもとにかく、血族的なつながりや主従関係をそれとは異なる社会の原理と共存させ相対化して、多かれ少なかれ既存の絆やしがらみをそれ以外の要素と調整し、共存の仕組みとその理念をつくってゆく。個々の具体的な集団は、個別の条件によって逆説的にもしがらみや従属の絆を育むことがありうるにしても。

さて吉田寮はと言えば、寮生は吉田寮に生まれ落ちるわけではなく、一人一人の寮生が意図して選択した集団、どちらかといえば近代的なヴォランタリー・アソシエーションだ。とはいっても「暮らす」ということに関わるほぼ全面的な集団で、寮という施設とその空間から

*網野善彦・阿部謹也『対談 中世の再発見（平凡社ライブラリー）』１９９４年、平凡社。

切り離せないという意味ではローカル・コミュニティであり、寮生は決してそこで何か特定の役割や機能だけによって結びついているわけではない。ただ存在し、暮らす。だから当然のこと、顔見知りばかりのローカル・コミュニティらしい喜びも憂いもあった。

その悲喜こもごもの日々を含め、吉田寮村はたしかに、中世の共同体によく似た構造をしていた（もちろん、過去の共同体と吉田寮は同じものではない、ということは当然の前提として折込んだ上で）。「寮生規約」があり、規約に基づいてメンバーシップが定められ（これは時代に応じて改変され、女性、留学生、寮生の家族へと次第に寮生枠が拡大された）、日常の各寮総会と全寮総会、年に一度の全寮総会という会議体が存在した。こういう制度的な構造については、残念ながら今自分の手元に当時の資料がないから正確に再構成できない。とにかく、吉田寮では祝祭の機能とか（例えば在寮期限闘争の記憶を身体経験として伝達すると同時に新入寮生のイニシエーションとなり、かつ寮の存在を対外的にアピールし寮外世界との関係を結び直す吉田寮祭）、規約上制度化された公式の組織とインフォーマルな人間集団のコミュニケーションの絡み合いとか、寮外の共同体や人間集団との日常的な交流、共闘、同盟、儀礼化・遊戯化された抗争（いわゆるストーム*）、年齢集団の役割（「年寄」と「若者」がいて、だいたい3回生になると「年寄」＝知恵袋になり「若者」＝中心的な実動者集団をサポートする。旧西寮**は別名「若衆宿」と呼ばれていた——と伝え聞いた記憶がある）、というような、現在の歴史学が前近代の村や都市や、要するに

*学生が学校や寮のなかで集団で大騒ぎする行為。旧制高等学校時代から存在したとされる。

**1980年代まで、薬学部構内にあった。入寮してすぐの1・2回生が居住した。本書の座談会「個室と相部屋、西寮と東寮」に詳しい。

ローカル・コミュニティを問題にする時に重視するようなほとんどの焦点が寮の日常には存在し、その一つ一つが濃密な内容をもって、日々さりげなく、自然に、活き活きと生きられていた。いつのまにか自然とこうなったのか、それとも歴代の寮生たちが人文学的知見を導入して少しずつ構築してきたものがそこに加わったのか、現在の私にはよくわからない。けれどこのこと、つまり一緒に暮らしの場をつくるということそのものが持っていた濃密さと、ただそれだけのために「自由」な「話し合い」を日々つくり続けていたということと、その圧倒的な楽しさの記憶は、歴史上の人間たちの結合を研究対象とする現在の私にとってかけがえのない財産となった。史料の向こうにはいつも生身の、生きた人間たちの、生きられ共有された時間があることを、決して忘れられないものにしてくれたからだ。だから普段の私はむしろ、自分の肌感覚を無意識に過去に投影し同時代の理解をゆがめてしまわないよう、自分に対して警戒を怠らないことにしている。

また、暮らす「だけ」ということ自体が、日々の努力で闘いとられる大きな仕事だ、ということも、私は吉田寮で学んだように思う。当時は「バリアフリー」「ＬＧＢＴ」なんていう言葉そのものがあまり人口に膾炙しておらず、在日コリアンやアイヌの置かれた状況には光が当てられはじめたばかりだった。性暴力の告発も少なく、フェミニズムへの風当たりもまだ強かった。バブル経済に浮かれた社会で格差も貧困も世間の注意も引かず置き去りにされていた。吉田寮はおそらく、当時こうした問題の共有ができる数少ない場所の一つだった。わたし自身は決して、当時自分の時間を使って具体的な課題のために何かを十分にしたとはいえず、そのことを今でも反省的に振り返る。また、決して寮が理想郷だったわけではないし、マジョリティはいつも安全な場所で当事者がマジョリティに分かる言葉で説明してくれるのを安穏と待っていることができる、という、寮外の社会に一般体な力学から寮が完全にはじめから「自由」だったわけでもない。けれど、この力学もやっぱりたくさんの外部世界のしがらみの一つで、そこから「解かれて」あろうとする志向性と批判性だけは吉田寮から消えたことはなかった、ということだけは確信を持って言える。それも、昔から不変に「そうだった」のでも何でもない。一人一人の当事者と協力者が膨大な時間と力を使って実現させ、積み重ねられた「話し合い」の繰り返しの中で、その都度、そうした志向性が作られたのだ、ということだと私は思う。

こういうコミュニティをつくり維持する方法が、「話し合い」つまり言葉を使うということだから、その点ではすこぶる近代的、つまり合理主義的に見える。しかし寮生たちは自身の近代性の裏面に対して批判的であることも知っていた——ように思う。これもやはり、話し合い実践の繰り返しの結果として。現在「コミュニティ」というと、あたかも近代化がかつての美しく人間的な、かつ自然と一体化した理想的なコミュニティを崩壊させてしまったかのような言説に出会うことも少なくない。仮にそこに一面の真実が含まれているとしても、私はコミュニティというものがノスタルジーの対象だと考えたことも、その獲得のためには近代性の否定や過去への回帰が必要だとも考えたことがない。選び取ったコミュニティを維持する、そこで一人一人が「自由」である、とは努力のいることだ。わたしたちが実際に過去に経験した近代史は、多くの暗黒の頁を含んでいる。だからこそ、その一部には、その暗黒面を自ら批判して人が自由であることを選び、ともに暮らすことを可能にする文化も生まれている。近代性との闘いの歴史も、やはり近現代史の一部なのだから。

そうした文化を、何か特定の目的とか機能や役割に従属させた形ではなく、「暮らす」という人間の全体的で、シンプルなあり方の中で実践できる場所、つまり暮らしの中で対話を重ね、放っておけばいつの間にか増えていく一つ一つのしがらみを解き、一日一日自由になり続ける（ことをめざす）、ということのできる場所が、いったい今、地上にどれだけ残されているのだろうか。むしろ、話し合って協力することに付随する喜びを、その人自身ではなく生産性向上のために振り向けるコミュニケーション労働の搾取の方が、本当に見事なほど、急速に伸長する傍らで。けれど私は間違いなく、最新式のアクティブ・ラーニング仕様の素敵な教室よりも、寮の食堂や大部屋で議論するほうがずっと楽しい。

（2019年10月執筆）

ポケットに吉田寮

京都の学生だった私は
94年に吉田寮食堂ライブを訪れた
オー
私、ここ好き。
と、一瞬で感じた。
服装も踊りもそれぞれのやり方で
目の前の音楽を感じて楽しむ
私は新しい世界が開けたようにワクワクした。
カレー
おいしい
この食堂ライブを作り出す吉田寮に私はなついて、
思い切りここの空気を深呼吸した。
ウーム
言葉にすると、こんな感じの空気
あなたも私も尊重される
いつでも声をあげてよい
声にならない声も受けとりたい。

それは百年近く歴代の寮生達が不断の努力で築き上げてきた空気であり、
現在の寮生達が柔軟に作りあげてきた、
とても丹念な空気だった。
懐しさと新しさの融合
生活の場を解放し、受け入れてくれた寮生達、ほんとにありがとう。
グツグツ
フム
フム
そんな得難い空気をいっぱい吸った私はいつもポケットに小さい吉田寮がある。
相手を「わかった」と思わない
「いつもわかりたい」と願い続ける。
これからも私の日々の中で、新しい出会いを照らしてくれるように思う。

これからも、様々な人のポケットに吉田寮が入りますように。
マタネー
オー

しじょう　和菓子づくり、ドラヒップ、作業療法士。2000年ごろ、吉田寮食堂ライブ実行委員会、厨房使用者。

ぼくが猟師になったわけ

——吉田寮で暮らしたからこそ選んだ暮らし

千松信也
Senmatsu, Shinya

猟師。1974年生まれ。1994年4月、京都大学文学部に入学、入寮。2003年3月までの9年間を吉田寮で過ごす。著書に『ぼくは猟師になった』（新潮文庫、2012年）。

僕は京大文学部に入学し、吉田寮には9年間住んでいました。在学中の２００1年に、狩猟免許を取りました。鉄砲ではなく、ワナにより鹿や猪を捕まえる狩猟を始め、約20年ほど猟を続けていて、いまに至ります。ただ現在も、それを職業にしているわけではありません。

33歳のときに狩猟を生活のなかに組み込みながら暮らしていく生き方を書いた本*が評判になったこともあり、狩猟や、昔ながらの山や自然とかかわる営みを、現代の暮らしにどう取り込んでいくかについて執筆したり、講演したりしています。

*『ぼくは猟師になった』リトル・モア、２００８年＝新潮文庫、２０１２年。

食を通じてつながる暮らし

僕がいた、1990年代から2000年代前半には、すでに自炊制度*はなくなっており、寮食堂は建物を残して休業状態でした。厨房設備は残っていたので、寮祭やイベントのときだけ、みんなで料理を作って食べることはありました。

京大という親の収入が高い人たちが来る大学のなかでは、吉田寮生は相対的に貧乏な学生が集まっているところだったと思います。バイト先で誰かが、食材をもらってくる、となったらみんな帰りを待ちわびて、一緒にそれを食べていた。一人暮らしだったら、自分一人で何とかしないといけないけれど、みんなで集まっていれば、だれかが何かを持ってくるかもしれない。みんなでワイワイと食べることは、とても楽しかったし、うれしかった。僕も、バイト先だった宴会場で余った食材をいるかといわれ、「いくらでも、もらいますよ！　炊いた飯も、全部袋に入れて持って帰ります！」とよく持ち帰っていました。寮生たちが喜んでくれる顔が目に浮かびました。

僕が鹿や猪を獲る狩猟を始めてからも、肉を吉田寮に持って帰ると、みんなが喜んで食べてくれる。生き物の命を自分で奪うということには特に最初の頃は葛藤もありましたが、寮生がおいし

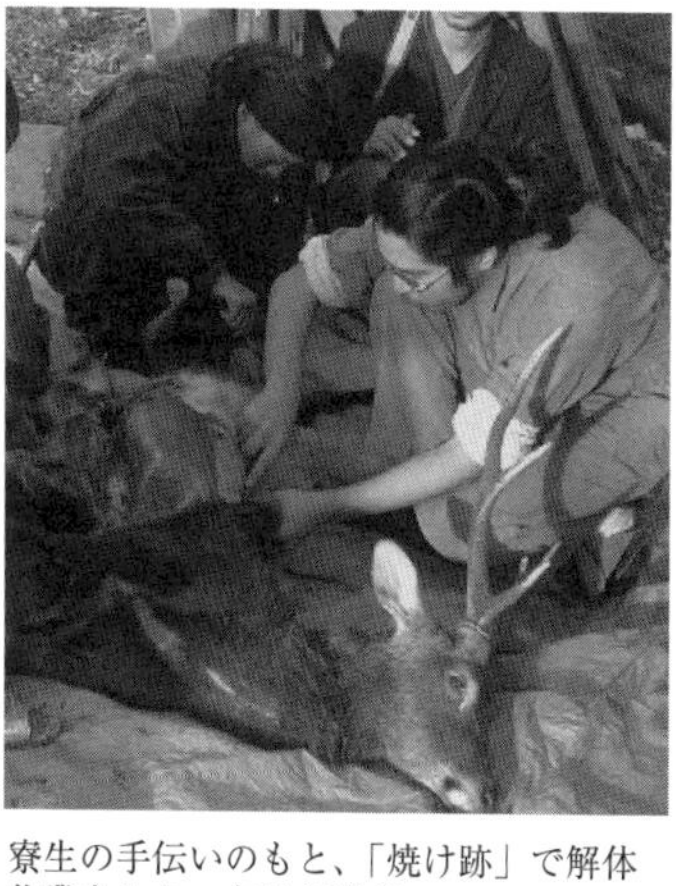

寮生の手伝いのもと、「焼け跡」で解体作業をした。左側が筆者。

*自炊制については、奈倉道隆「人間性を鍛えてくれた自炊制度と寮生活」（89頁〜）に詳しい。

そうに食べてくれたことはとてもうれしかったし、自分が猟を続けられた理由にもなったと思います。

初めて鹿が獲れたときは、バイクの荷台にのせて運び、寮の玄関の前におろしました。玄関を入ってすぐの受付にあるマイクで、放送をかけました。寮の廊下にはスピーカーが配置されていて、電話や宅配便があったときの連絡などに、放送をかけられるのです。

「寮生のみなさん！　南寮6号室の千松です。この春から狩猟を始めていましたが、ようやく、メスジカが一頭、とれました。これから、焼け跡*の広場で解体をした後、大宴会を開きたいと思いますので、みなさんぜひ集まってください」。

それで、みんながワーワー、受付に集まってきたときの光景は今でも目に浮かびます。

僕は、兵庫県の兼業農家の親のもと育ったのですが、大学に進学するまで、ごく普通の暮らしでした。大学入試の日、親からの仕送りがあまり期待できないということで、なんとかしないといけないと思っていたとき、京大の正門前で吉田寮生から入寮募集のパンフレット

*1996年にサークル棟から出火した火災で食堂調理場を消失し、2015年に新棟が建築されるまで空き地となっていた。火事のエピソードは130頁に詳しい。

を配られました。

「変なことが、いろいろ書いてあるな」と思いました。入寮募集パンフとあれば、寮の案内や暮らしが説明されていると思いきや、それぞれが好き勝手なことを書いた分厚い文集となっているのです。「変な人たちの集まりなんだな」と、興味をもってとりあえず見学に行ってみたところ、建物がそれを上回って強烈でした。当時、築80年くらいだったと思うのですが、そこら中にいつの時代のものかわからない張り紙だらけで、中庭は鬱蒼と茂ったジャングルのようだし、初めて見たときの印象はまるでお化け屋敷でした。

熊野寮にも見学に行きましたが、鉄筋コンクリート造の雰囲気になじめませんでした。せっかくなんだから独特の魅力を放っている木造の吉田寮に「絶対住みたい！」と、建物を見た瞬間に気に入りました。

大学にはたぶん受かっただろうと思い、合格発表の前に吉田寮に勝手に住み始めました。もし断られたとしても、居座ってやろうと思っていましたが、別に追い返されることもなく、仮入寮というような形で生活をはじめました。

その部屋から、合格発表の掲示も見に行きました。「どうだった？」と寮生に言われ「受かっていました」と答えたら、「よし。今日は宴会をしよう」と言われました。その年の入寮希望者は30人ほどだったので、全員が無事入寮することができました。

当時、新入寮生は「旧印刷室」「茶室」「舎友室」と呼ばれていた3つに大部屋に集められていました。そこで部屋割が確定するまで1~2か月共同生活をするのですが、毎日が修学旅行のようで楽しい日々でした。

僕は、結局、入学手続きの書類や最低限の衣類だけを取りに実家に帰り、そのままずっと吉田寮に9年間……、という感じでした。

「自由の学風」か?

京大は対外的には「自由の学風」で知られています。僕は吉田寮の自治会や、文学部の自治会で活動していたのですが、実際に大学に行くと、自由ではないと感じることがたくさんありました。

「ぜんぜん、学生と大学側が対等でないじゃないか」などと感じながら、いわゆる「学生大会」や「団体交渉」などの昔ながらの自治会活動を行っていました。全国的にはそういった学生運動のようなものは衰退していましたが、京大では当時、比較的活発だったと思います。ただ、当時は最近のような学生への退学処分や立て看板の禁止、廃寮決定のようなことはなく、大学との関係は、良好な時代でした。当時の学生部長や益川敏英先生とは、団体交渉*でやりあったけれども、そのあとは寮の宴会に来てくれ、一緒に酒を飲んだりしていました。

*吉田寮生と益川敏英先生との交渉のエピソードは、152頁以降参照。

吉田寮という自治寮の場は、「生活に立脚したかたちで、自分たちのことは自分たちで決めていく」ことが大前提にあるからこそ、価値があります。当時は、自分たちを自由と思っていたかどうかはわからないけれど、そのような自治の雰囲気が吉田寮にはあったので、居心地がよかったのかなと思います。

僕は1994年、京大文学部に入学し、その年に入寮して2004年の3月まで10年間大学にいました。休学を4年間、留年を2年間しました。休学中は2年ほど海外にいたので、吉田寮で実際に暮らしたのは7年くらいで、大学卒業の1年前に退寮しました。

当時は150人ほどの寮生がおり、お互いに濃密に交流していました。そこらへんの友人よりも親密なのだけれど、別に気が合うわけでもなくて、家族と友達の中間ぐらいといってよいような、寮生同士のコミュニケーションが面白いと思っていました。

福利厚生施設としての寮の価値

僕の場合、授業料も生活費もすべて自分で出すという条件で親と別れて、大学に入学したのですが、授業料は年々上がっていきました。1994年入学の僕のときで、年間40万円ぐらいでした。これを自力で払おうとすると、最低で月々3万5000円くらいは稼がないといけなかった。下宿をした場合、家賃と水光熱費を合わせた場合、最低でも2~3万円くらいかかるところ、吉田寮だと寄宿料・自治会費・水光熱費などを合わせて当時で月々2500円でした。それだけでなく、食事はみんなで食べたり、相部屋で家具も共用だったりと、お金がかからずにすむことが多くありました。お金がかからないということは、そのぶん、アルバイトをしなくてよいことになり、自由な時間を使えました。吉田寮に入ることで、親からの仕送りを受けず暮らせたという人たちが多くいました。逆に親に仕送りをしているという寮生もいました。親から支援してもらっていないということが、自分の主体性、自立心を形成していった面が大きいと思います。

まあ、入学までは親に散々お世話になってお金もかけてもらって育てられているわけですが、それでも大学からは親に頼らずに暮らして行けているということは、好きなことをやりぬくという気持ちが芽生えやすくなります。国立大学なので、こういったお金は税金から出ているわけですが、お金に余裕のある学生だけでなく、お金のない学生もそれを気にせずに暮らせるという点で、平等性を担保する厚生施設として大切な場所であったと思います。

表　国立大学の授業料等の推移

年　度	授業料（円）	入学料（円）
1975（昭和 50）年	36,000	50,000
1980（昭和 55）年	180,000	80,000
1985（昭和 60）年	252,000	120,000
1990（平成 2）年	339,600	206,000
1995（平成 7）年	447,600	260,000
2000（平成 12）年	478,800	277,000
2005（平成 17）年以降	535,800	282,000

出所：文部科学省ウェブサイト「国立大学と私立大学の授業料等の推移」をもとに編集部が作成。
https://www.mext.go.jp/content/20211224-mxt_sigakujo-000019681_4.pdf

吉田寮の自治と大学自治

学生寮は、生活が基盤にあり、自分たちのことは自分たちで決めないと何も始まらない場所です。掃除のことや、共同スペースの使い方など、決めないといけないことはたくさんありました。様々な寮の問題についての大学側との交渉も常に継続していましたし、なにかトラブルがあっても自分たちで話し合って解決するのが基本です。寮費は安いけれど、全寮生が参加を求められる総会だとか各係の会議だとかに自分たちが費やす時間を計算したら、安アパートに住んでアルバイトしたほうが時間的には得になります。でもそれだけの時間を自治に費やすことができる人が住みましょう、という前提でおこなわれていた自治でした。

僕がいた1990年代は、大学の自治そのものも形骸化してきていた時期でした。大学内には各学部に自治会や、同学会という全学自治会もあったけれど、無関心な学生も多かったのが実情で、関わっていたのはある程度限られた人たちでした。そんななかで、学生寮の自治は生活が基盤にあるがゆえにまだ参加する人数も多かったと思います。

「自分たちが大学の構成員なのだから、そこできちんと意見を言い、その場を作り上げることができる」という大前提を、高校出たての大学生はなかなか実感しにくいことだと思います。吉田寮生は、各学部の自治会にかかわっている人も多かった。吉田寮のような場所で自治のいわば「訓練」を積んだ人たちが各学部にもいることで、結果的に大学自治、大学の中での構成員が自分たちのことを自分たちで決めていく場を作ることにも寄与していたと思います。

補修の必要性を訴えた

1980年代から90年代初頭という時代は、「在寮期限*」を闘い抜き、その後の新寮獲得運動が大前提としてありました。僕が入寮した当時も、吉田寮自治会の全体の方針は新寮獲得だということになっていました。規模が大きい新寮に建て替えることが正義だという感じで自治会全体の目標がある一方、この古い寮を残して、補修して使い続けようというのはむしろ駄目だと。全体の厚生施設としての機能を増やすためには定員も増やさないといけないし、足りていないというので、大規模補修を要求するというのは当時少数派の意見でした。「もともと、この建物が好きで入ってきた人間が大半でしょう?」と言うとみんなうなずくのだけれど、でも建前は新寮獲得なんだよ、という雰囲気をずっと引きずっていました。それから、僕が住んでいた1990年代から2000年代にかけてはだいぶ雰囲気も変わっていって、その新寮獲得も、それは当然必要だけれど現実味に欠ける部分もあるし、そんななかで吉田寮はどんどんボロボロになり、補修の必要は増していきました。

僕は建物が大好きになって寮に入ったので、「この建物さえあれば、何かがまた新しく生ま

*在寮期限については、10頁を参照。

れる」と思っていて、とりあえず建物をきちんと残さないといけない、と思いました。僕が寮を出る前ぐらいの年に執行委員を務めたときに、二つの特別委員会を作りました。一つは、留学生が増えてきていて、彼／彼女らとどのようにともに自治を担っていくかが問題になっていました。「話し合いの原則」があるのに言語の問題もあって話し合いが成立しないということがあり、その話し合いの特別委員会を作りました。それともう一つ、補修をあくまでも単発でやるのではなく、継続的に自治会の全体業務としてやっていくために、補修に関しても特別委員会*を作ろうと提案をしたのです。

人生を選ぶ礎となった寮生活

吉田寮時代の経験により、自分の人生に大きな影響を与えられることになった人は、数多くいると思います。例えば僕だったら、普通に大学を出て、就職して……、というだけの人生ではない、いろいろな生き方を吉田寮で教わった。

生きることの価値観を見直すことができたから、狩猟をしながら暮らす生き方を選ぶことができました。卒寮生には個性的なことをしている人が多くいますが、それぞれの生き方をみても、そう感じます。

この間も、九州の大学で講演の依頼を受けて行ったときに、2〜3歳下の元寮生と会いま

*「補修特別委員会」。この委員会の活動については、本書の「木造建築と吉田寮の魅力」「吉田寮の建築的な価値」の章でも触れられている。

した。その人は、東北地方の採集生活の昔の共同体の研究をしていると。それは結局、吉田寮の頃の、共同体的な暮らしが楽しかったから選んじゃうんだよね、という話で盛り上がったのです。

やっぱりこの吉田寮での自治の経験は、古今東西、世界各地にある意義深いものを見いだすきっかけになり、また未来の社会や共同体を作っていくうえでのヒントになるものがいっぱい含まれていると確信しています。

注：本稿の内容は、２０１９年7月14日に京都市内で行われた座談会の内容をもとに、編集部が作成しました。

ニューヨークと吉田寮の共通点
——人間は対等であると信じること

近藤　司
Kondo, Tsukasa

脚本家、役者。1984年生まれ。2005年、京大経済学部に編入学。2005年～08年まで在寮（うち1年は休寮）。2008年に渡米。

「自由の勝利は明白な事だと思います。人間の本性たる自由を滅す事は絶対に出来なく、たとえそれが抑えられているごとく見えても、底においては常に闘いつつ最後には勝つという事は、かのイタリアのクローチェもいっているごとく真理であると思います。」

上原良司*

「京都大学の寮に入るなんて、過激な思想に染まらないよう気をつけないとな」と京大編入の報告をしに高校を訪ねた私に、昔の担任の先生は笑って言った。大学1、2年を地元の私学で過ごし、3年時編入で京都大学経済学部に編入学した私は、京都大学で学んだ2年間を吉

*日本戦没学生記念会（編）『新版　きけ　わだつみのこえ——日本戦没学生の手記』（1995年、岩波書店）より引用。

田寮で過ごした。2年間という短い期間だったが、私は必要以上の講義を取って、学問を楽しんだ。

学問をたっぷり楽しんだ後、私は幼い頃から親しんでいた演劇の道に進むため、ニューヨークの演劇学校に入学した。「就職先：ブロードウェイ」と書いた私の進路調査書を見て窓口の職員は、少し凝視したけれど、特に何のリアクションもしなかった。変人の多い京都大学だから、もっと奇抜な就職先を書いた人もいただろう。

そしてアメリカに渡った直後にカルチャーギャップの橋渡しをしてくれたのが、驚くべきことに吉田寮で身につけた「過激な思想」だった。この文章では吉田寮での生活がいかにアメリカ生活の準備となっていたかを説明したい。

それまでの常識が転換した

吉田寮に入った当時、20代の私が身につけていた「常識」がどんなものだったかを振り返ってみたい。地元神戸の公立学校で小中高を過ごし、夜間高校卒の両親の下、1980～90年代の日本のテレビを観て、林立する団地の中で育った私が身につけていた「礼儀正しさ」や「社交性」は年上や目上の人間には腰を低く、その場の空気を呼んで発言をし、笑いのネタとして確立されているものを見つけてイジることで人と仲良くなる。そんな具合だった。

そんな私だったから、吉田寮に入り、入寮オリエンテーションで「寮では年齢や性別、出自を元にした上下関係を作らないため寮生同士は敬語は使わない」と説明を受けた時はなかなか衝撃を受けた。

郷に入っては郷に従えと私はあっさりと敬語を止めた。しかし高校を卒業したばかりの運動部出身の男子寮生の中には、30歳を越える博士課程の寮生（30歳を越える学部生もいたが）たちと敬語を使わずに話をするのが難しいと感じる者も多かったようだ。「いや、オレはそういうの（敬語）大事だと思うんで」としばらく敬語を使い続ける者もいた。そんな者でも、時間が経つにつれて敬語が減っていった。「私に敬語を使うな！」と怒る寮生がいたりもしたのだけれど、それ以上に年上年下関係なく誰とでも対等に話ができることの風通しの良さがすっかり心地よくなるからだった。

吉田寮ではトラブルがあれば当事者同士での話し合いの解決が基本とされていた。騒音その他の苦情を言ったり、ルームメイト同士での部屋の使い方の相談など、上下関係があるとどちらかが遠慮してしまうのは想像にたやすい。夜中まで飲んで騒いでいる一回り以上年上の寮生に対して、入寮して間もない18歳の女子寮生がベランダから「うるせー!!」と怒鳴ることができることの公平さは、経験してみて初めて「これはとっても大事なことだな」と実感できる。

他人同士が共同生活をする空間だからこそ、そこに何らかの上下関係が生まれてしまうととても危険だ。年齢だとか、性別だとか、民族的な出自で序列が生まれてしまうと、誰かが不公平に生活上の権利を侵害される可能性があるからだ。

もう一つ、私が大きく感銘を受けたのは「常識」や「普通」を理由に他人を黙らせない文化だ。自分が考えている「常識」と相手が考えている「常識」は違っていることが多い。台所の使い方や就寝時間といった細かなことから、冷蔵庫に豚肉を入れても良いか、酒を部屋で飲んでも良いか、といった信仰に関することまで色々なことを、育った環境も文化も、時に言語も違う他人と話し合いで決めていくなかで、どちらかの「常識」が無条件に優先されるべきではない。なぜなら、一人の人間と一人の人間が対峙した時に、そこに上下関係はなく、対等であるべきだからだ。お互いの希望と、判断基準、論理を照らし合わせながら、お互いの不満が最も少ない結論に辿りつくしかない。

時に非常に疲れてしまう寮生活だったが、私は「自由」を体験したと考えている。日常生活において、年齢や性別、国籍や信条などを基準に「特定の人の要求や発言が自然と優先されてしまう」という状況を取り除くことに大きな努力を払うことで、瞬間的に人と人が対等になれる自由を生み出そうとしていたのだな、と理解している。もっと良い説明ができたらいいのだけれど。

渡米して役に立った価値観

２００８年にアメリカに渡ったが、この体験が大きな助けとなった。英語には、尊敬や謙譲を示す表現はたくさんあるけれど、語尾がいちいち変わるような敬語は存在しない。基本的には誰と話していても自分が話す文の形は変わらない。相手が誰であれ対等な関係で、他人の意見を聞いて、自分の意見を言う、というのはアメリカ社会の日常だが、私にとってこれは吉田寮での習慣の延長線上にあった。吉田寮での経験があったからこそ、アメリカ生活１年目から友人を作り、信頼関係を築き、生活基盤を築くことができたのだと思っている。

日本人がアメリカに留学したり駐在する際に「度胸を出して話しかける」「英語の上手い下手を気にしない」といったアドバイスが渡されることがある。しかしアメリカに渡ってきた他の文化からの移民を見ていると、新参者でありながらも彼らの多くはそもそもこういったアドバイスを必要としていないように思われる。特に度胸があるように見えなくても、文法的には間違っている英語で自分の要求を主張する彼らを見ていると、「相手と自分が対等である」「意見を述べることには誰の許可もいらない」という価値観を持っていることが大きな違いのように思える。吉田寮での対等な関係性がすっかり気に入ってしまった私だったので、まるでお気に入りのスポーツに励むかのように、この価値観に没入していった。

振り返ってみると、年齢や性別が生み出す権力構造を意識して捨てる、常識を良しとしない、といった吉田寮での教訓は、もしかしたら高校の元担任からしたら「過激な思想」と捉えられるかもしれない。それにすっかり染まってしまった私は、おかげでスムーズに海外生活をスタートさせることができた。

吉田寮はまた、ジェンダーに関しても長い議論の歴史と繊細さを持っている場所だった。女性らしさ、男性らしさ、といった社会的な規範にとらわれないこと、また他人のジェンダーや性的指向を決めつけないこと、そしてこれらの事柄に関して話し合う時は誠実さと繊細さを持つこと、といった吉田寮の文化があった。少なくとも、それを理念として掲げ、実行しようとする寮生たちが何人もいて、新入寮生たちにそのことを伝えることで、次の世代にもつなげようとしていた。

飲み会(ちなみに酒の強要は禁止。人に酒を注ぐことも、その人との関係性がない場合は注意された)で彼女や彼氏といった質問が出てくることはなかったし、○○ちゃんはかわいい、○○ちゃんを狙っている、といった発言も大勢の人の前でされることはなかった。あと本人が希望しない限りは苗字呼び捨てか「さん付け」だった。

私は今でこそ、ゲイであることを公言し、脚本家・役者として活動しているが、両親や友人たちにカミングアウトしたのは京大を卒業した直後のことだった。カミングアウトをするに至るまでの自分と向き合う期間を、吉田寮のような繊細さを持つ空間で過ごせたのは幸運だった。

カミングアウトをした後の私の気持ちはまさに「自由になった」だった。自分にも人にも、もう嘘をつかなくて済む。これが自分で、だからと言って誰かに劣っているわけでも（優っているわけでも）ないのだ、という承認を自分に与えたことで、私は自由になった。吉田寮での生活がなければ、このような確信に至るのにもっと時間がかかっただろう。

私はニューヨークに渡ってから、ゲイであることをオープンにしている人にたくさん会ってきた。社会におけるハードルや差別は未だ存在するが、面白いことに「カミングアウトしなければ良かった」と言うLGBT当事者に会ったことはない。

私が渡米した２００８年、すぐにオバマ大統領が当選し、アメリカは次々にリベラルな法律を通し始めた。それでも毎月のようにLGBT当事者たちをターゲットにした暴行事件や殺害事件がニュースで流れていた。私も、住んでいたブルックリンの近所でトランスジェンダーの女性が殺された事件をきっかけに、護身のためにボクシングを習い始めた。あれから10年以上が経ったが、今でもゲイであることを理由に従業員を解雇することができる州はいくつも存在している。それでも、ゲイであることを隠す生活に戻りたいと願う人はいないように思う。大きな犠牲やリスクを払ってでも自由を目指すことは、人間に普遍的な欲求なのではないだろうか。「人間の本性たる自由を滅す事は絶対にできない」と私も思う。

私は今、男性パートナーと結婚をし、共に暮らしている。税金や医療保険その他の社会制度も配偶者として共に扱われている。子どもの時には夢にも思わなかった恩恵を私がこうして受けていられるのは、私が生活している社会において十分な数の人間が「性的指向にかかわらず人間は平等」であることを支持しているからだ。そんななかで、私自身が他の人間を対等だと信じられているかどうか、そう振る舞えているか、は非常に重要なことである。

こんな話を日本の友人知人に話すと冷ややかに笑われるかもしれない。海外で感化されたのだな、と誤解されるかもしれないが、実は事の始まりは吉田寮だった。「変わりもの」の集まる場所として注目されがちな場所だが、私にとっては人間にとってとても本質的な自由の価値を教えてくれた学舎であった。

（2019年11月執筆）

「『一緒に場を作る』——京都大学吉田寮の共在秩序」を読む

福島直樹
Fukushima,Naoki
京都大学東南アジア地域研究研究所連携研究員。1974年生まれ。2011年から2024年3月まで在寮。

旨い料理は傾向として味が薄いと感じる。
これはまさに味が舌に寄るのではなく、
舌が味に寄っていこうとするのである。（深澤直人）

哲学者・鷲田清一氏は、これを次のように解説した。「奥行きがあるというのは、それを使う人の触手が伸びていく余地がたっぷりあるということだ。便利すぎるでもなく、細部まで使い方が決まっているのでもないということだ。この優れたデザイン設計は、人を受け身にしない。逆に人のセンサーを引き込み、おずおずと立ち上がらせるのである」。*

＊出所は、鷲田清一「折々のことば 95」朝日新聞２０１５年７月６日付朝刊。

冒頭の深澤直人の言葉は、『デザインの生態学』（東京書籍、２００４年）２８３頁にある。

私が知る吉田寮には、ひと手間を加えたいと思わせる不完全さが至る所にある。それが日々の生活を彩《いろど》あるものに変えるという意味で、極めて優れたデザイン設計だと思う。

吉田寮の奥行きあるデザインの一端を、本間由理さんが卒業論文「『一緒に場を作る』――京都大学吉田寮の共在秩序」にまとめた。本間さんは、不意に生じる緊張や不安、軋轢などを軽減する条件と吉田寮にある独特の秩序とのあいだに関連を見出したのである。そこには「人間関係の負担が少なく、寮生にとって住みやすい寮」という本間さんにとって理想に近い寮の姿があったという。

本間さんは、広島市立大学を2019年3月に卒業した。前年の夏休みには約2週間、吉田寮に住み込んで参与観察した。同大国際学部「卒業論文グランプリ」では最優秀グランプリ賞を受賞している。以下、卒論の記述に沿って吉田寮の場づくりにかかわる本間さんの観察と分析について見ていきたい。

なお、卒論の構成は以下のとおりである。

はじめに／序章／1章　吉田寮の過去と現在／2章　吉田寮の空間構造／3章　吉田寮の人びと／4章　吉田寮自治会／5章　表象される「吉田寮」／終章

「教育の場」から「生活の場」へ（はじめに、序章、第1章）

本論の目的は「京都大学吉田寮を『生活の場』という視点から記述・分析すること」にある。本間さん自身が広島市立大学の学生寮に住んだ経験から、「大学組織が寮に求める理想があり、その理想と『生活の場』として筆者が寮に求めるものにズレが生じているという印象」をもったからだ。

日本における学生寮の新たな動向として、大学側から「教育の場」としてニーズが高まっている。教育的機能の特徴として、主体性・コミュニケーション能力の向上、外国語と異文化理解の促進、リーダー育成等が寮生活に求められている。本間さんは、「教育の場」としてだけではない「生活の場」として学生寮をとらえ直そうと考えたのである。

歴史をたどると、そもそも自治寮の起源は「大学が人材育成を目的に取り入れたもの」だった。けれども、現在の自治文化は、寮生たちの手によって歴史とともに築かれ、人材育成にとどまらない自分たちの生活のための自治につくり変えられたようなのだ。本間さんは教育的機能には収まらない吉田寮の「生活の場」に興味をもつようになり、2018年2月から寮生ら62名への聞き取りや、寮に住み込んで参与観察を行なった。なお、京都大学側が2017年12月に退舎期限を発表した後に調査を開始したために、結果として聞き取り対象は寮に住み続けることを選んだ寮生が多くなった。

「生活の場」からみた吉田寮の空間的特徴（第2章）

吉田寮には空間的特徴が3つあると本間さんは指摘する。第一に、部屋の使用について寮生の裁量が大きいこと。第二に、外に開かれていること。第三に、「あそび」の空間が多いことである。

本間さんが居住する国際学生寮「さくら」では、共用の多目的部屋や和室、キッチンの使用は管理人を通して申請し、使用は22時まで、使用するとき以外は施錠される。一方吉田寮では、全部屋の運用が比較的に自由に必要に応じて設定できる。ビリヤード台のない「ビリヤード部屋」や、お茶の出ない「茶室」などは、部屋の用途が変更された名残である。

また、「さくら」では、非常口の日常的な使用が禁止され、外部と出入りできるのは正面玄関のみであり、正面玄関は24時～5時には施錠され、監視カメラを設置し寮生以外の2階以上への立ち入りを禁止している。しかし、時間外に帰宅した寮生が、深夜に玄関チャイムを鳴らして騒音問題が発生したり、来訪者が上階に立ち入って規則違反が発生する。大学側が寮生の行動を制限することには限界があり、玄関の施錠や監視カメラの設置も決して完全ではなく、寮生のプライバシー侵害につながるとの懸念もある。だが吉田寮では、外部に通じる出入口がたくさんある。来訪者が容易に寮内に入れる。そこで寮生は来訪者に対して「生活空間としての配慮」を貼り出している。来訪者に対してはその都度、声を掛ける方式により、監視カメラに頼ることなく外部に開かれた寮を実現している。

「あそび」の空間とは、「ゲーム部屋」「麻雀部屋」「漫画部屋」など人が集まって遊ぶことのできる空間があることと、予定していない「集まり」がいきなり形成される「余白」があることの二重の意味を持つ。吉田寮には椅子や段差、階段など、座れる場所が多く、距離感の調節のしやすさから「集まり」が自然と増加し、また「集まりに参加しない個人」が並存できる。アメリカの社会学者アーヴィング・ゴッフマン（Erving Goffman）は、居合わせた人びとの「集まり」における「緊張、防御、保護、察し」によって場の秩序が保たれる（宮内１９９１*）としたが、吉田寮にそれらの気遣いはあまり見られない。吉田寮がつくる共在の秩序は独特だといえる。

閉鎖的になりがちな寮を開放する、異質なものと共存する技法（第3章、第4章）

寮生たちは、そもそもなぜ吉田寮に住むようになったのだろうか。寮生に入寮した理由を尋ねると「吉田寮への興味」「経済的事情」「自己成長のため」「なんとなく」という答えが返ってきた。経済困窮学生の救済を目的とした「厚生寮」や、寮生活での目標があらかじめ定められた「教育寮」など、目的別に設置される学生寮にはない学生の属性の多様性が吉田寮の特徴の一つである。

とはいえ閉鎖的な村の要素がないわけではない。寮生たちは寮の開放性を維持するために他

*宮内正「第3章 儀礼秩序の仕掛け――自己崇拝の維持装置」、安川一編『ゴフマン世界の再構成――共在の技法と秩序』１９９１年、世界思想社 所収

者との絶妙な距離感を保っている。たとえば、訪問者に対して歓迎や排除といった「特別扱い」をしないのである。また、「全会一致の原則」「話し合いの原則」「敬語不使用の文化」によって、吉田寮にかかわる人々とのかかわりを保持している。

「全会一致の原則」は、多数決で決めないということだ。そのために必要となるのが「話し合いの原則」だ。寮内で何か問題があったときには当事者どうしの話し合いで解決する。当事者は一対一である必要はなく、周囲にいる第三者を含めて当事者となる。そうすると論争が得意な者が勝者になるとは限らない。いつでも少数意見が尊重されるとも言い難いけれど、反対意見があれば最後まで耳を傾けることを重視する。反対者との折り合いをつける過程こそが重要であり、結果的に不満を減らす効果もある。話し合いをより良いものにするために「敬語不使用の文化」がある。留学生へ配慮する意味合いがある一方で、上下関係をなるべく意識させず、寮生同士が自由に意見を言いやすくするためのものである。

ここで本間さんは、自治活動に積極的に参加する人と消極的な人とのあいだでも、あくまでも立場が対等なことに注目している。偶発的な集まりに参加しない者に対して何らプレッシャーや強制力がないだけでなく、自治会活動もまたまったくの自主性によって維持されている。

メディア表象と実体との落差（第5章、終章）

マスメディアによる表象からは、吉田寮に「混沌」と「自由」のイメージがあり、「変わっている」という表象と結びつく。建物から「古い」イメージもある。あるいは日本で数少ない自治寮であることから「自治文化」が取り上げられることも多い。メディア表象については、公表される前に寮自治会側から修正案が出された可能性があり留保が必要なところもある。

マスメディアを通して吉田寮に興味を持った人は、来寮してからも良いイメージをもちやすい。昔ながらの建物と寮内の風景に衝撃を受けつつも、自由な雰囲気であり自分のことを受け入れてもらえる気がする、混沌としているようだが秩序がある、といった感想が聞かれた。

寮生自身による吉田寮の表象として、何でも自由にできる空間を目指しているのではなく、「ルールで一律に縛らない」ことを実践している。規則の有無を気にする生活ではなく、問題の有無と解決のための対話を気にする生活だ、などが聞かれた。

調査全体を振り返って、本間さんは次のように締めくくった。既存の研究は、生活者の視点を欠くという点で不十分であり、寮内の相互行為に注目する必要がある。「寮生活は、一律にルールでしばって管理できるほど単純ではない」からだ。本間さんからみた吉田寮は「人間関係の負担が少なく、寮生にとって住みやすい寮に近づいている」とした。

本間論文の意義について（吉田寮の一寮生の立場から）

本間さんが来寮した当時は、まだコロナ禍前だったこともあり、多くのメディア関係者が取材に訪れていた時だった。しかし泊まり込み取材の申し出は当時でも珍しかった。それを成し遂げたのは他でもない本間さんの強い意志によるものだった。本間さんは、吉田寮を教育の場としてだけではなく、生活の場としてもあることを明らかにしようとした。生活の場の視点を持つことにより、学生に対する教育の過干渉という問題に加えて、教育の市場化（商品化）による弊害を指摘する貴重な論考と言える。また、吉田寮といえば言及されることの多いその多様性は、入寮動機にもなっていたことを指摘した。本間さんは、現代日本における若者のニーズを巧みに捉えたといえる。吉田寮の入寮資格は日本人男子学部生に限定されていた。しかし1980年代から女子学生、留学生、大学院生、科目等履修生、さらには「京大に学籍を有する全ての学生及びその者と同居の切実な必要性のある人」にまで自主的に門戸を開いてきた。この過程で構成員の国籍や学籍種別、性のあり方、年齢などで多様性をもたらしたことは、よく知られた事実である。

卒論の提出前に、論文中からジェンダー関連の記述をすべて削除させるという修正案が総会を通じて本間さんに対して提示された。本間さんは、当事者の一人ひとりと話し合って解決することを目指そうとしたが、時間の制約等もあり最終的には修正案を受け入れた。ジェンダー関連の記述の問題は、オールジェンダーのトイレ・シャワーに関する不適切な記述に代表される。吉田寮のオールジェンダー化を目指す試みは、本書の高橋歩唯さんの原稿にあるように、寮空間における性別分けの問題を公共性の問題であると捉え、「ノンバイナリーや性別移行中のトランスジェンダーの人達も含め、ストレスなくアクセスする権利」を保障するためになされてきたものである。そこにある考え方は、〈マジョリティがマイノリティを包摂してあげる〉というものではなく、誰もが安心して住める場にするためにマジョリティ優位のあり方を見直していくというものである。その文脈を捨象した点で不十分な取り上げ方となっていることが指摘された。

本間さんが指摘したような吉田寮における共在の作法は、寮生だけでなく、いまでは芝居やライブで寮食堂を使用する者や、寮の近隣住民や、取材に訪れる記者などとも共有されている。吉田寮とかかわるすべての当事者は、自分の意見を押し付けない努力を払っているといえる。立場に関係なく、途中で相手の話を遮ることはせず、相手の話が終わるまで聞くこと。これは様々な人々が集い交流する場として吉田寮があるために、様々な人々が集い交流するときにありがちな不快な思いを互いに回避するための生活の知恵の一つでもある。

注：本稿は、吉田寮生の大隈楽さんの意見を取り入れながら執筆されました。

対談

色平哲郎＋合田 真

毎日が多文化コミュニケーションの演習だった

色平哲郎　僕は1983年から4年間、吉田寮に住み、生活の場としてお世話になりました。東大を中退して23歳で京大医学部に入りなおしたこともあって、苦学生でした。結婚するまで、自分で学費を払っていました。

合田　真　学生結婚をしたのですか。

色平　結婚相手の女房は、京都人で、ピアノ教師をして養ってくれました。医学部専門課程のとき世帯収

色平哲郎（いろひら・てつろう）1960年、神奈川県生まれ。内科医。佐久総合病院地域医療部地域ケア科医長。東京大学を中退後、世界を放浪し、医師を目指し京都大学医学部へ入学。1990年、JA長野厚生連佐久総合病院に就職。1998～2008年に長野県南相木村の国保直営診療所長をつとめた。

入がゼロになり、3年間は学費免除を受けた。彼女はお隣の京都市立近衛中学校の側から見て「あの森は何だろう」と思っていたらしい。まさかあそこに人が住んでいるとは思っていなかったそうです。

私の寮との出会いは、入学試験のあと、たまたま見つけた木造トイレに駆け込んだのです。あとで自治寮と知ってびっくり。東大のときは駒場寮に出入りしていたから、同じだと思いました。話し言葉も異なり、右も左もわからない関西でしたが、寮に入れば生きていけそうだと思いました。東寮の大部屋にゴロゴロ連泊しているうちに新学期になりました。

合田　当時、何人ぐらい寮生がいたんですか。

色平　僕のときは、旧西寮*がいっぱいでしたね。

合田　僕は1994年に入寮しましたが、かつての西寮はもう廃止されていて。東寮つまりいまの吉田寮（現棟）に、寮生が250人くらいいました。

色平　旧西寮は外れた場所にあって、東寮から隔てられていた。その場でおもしろい文化活動をやりたいと思っていました。寮内外のみんなで具を持ち寄って冬に「鍋研（鍋研究会）」をやったり、海外からの旅人を泊めたりしました。当時も、「宿泊枠」はありました。留年するはずのない教養部で留年してしまい、ひまなので1年間、アジアをぶらぶらしていたことがあります。香港の安宿に行ったとき「吉田寮に安く泊まれる」と英語で宿のノートに書い

*1980年代まで、入寮してすぐの1・2回生が居住した。本書の座談会「個室と相部屋、西寮と東寮」に詳しい。

たところ、バックパッカーが次々と来寮してくれました。

◈触媒の場としての寮

色平　寮の空き部屋で旅行者を受け入れていました。逆に自分が旅をするときは、各地の自治寮を訪ねて歩いた。信州大学のこまくさ寮、秋田大学鉱山学部（当時）の北光寮、北海道大学の北晨《ほくしん》寮、恵迪《けいてき》寮と泊まりながら、夏休みに青春18きっぷで北上しました。恵迪寮では「寮歌委員会」に世話になり、当時の仲間とは今もやりとりしています。

合田　僕も同じです。北海道に行ったら、恵迪寮に泊めてもらった。お互いを受け入れて、情報交換をして、という自治寮同士の交流がありましたね。

色平　寮の生活は、触媒的な場というところがありますね。「アジール」という言葉がぴったりきます。寮に来る人との出会いや、何が起こるかわからないということを、私は楽しんでいたし、仕掛けていきました。

　あるとき、寮生同士で、「*越後奥三面《おくみおもて》　山に生かされた日々」というドキュメンタリー映像を見たのです。ダムで沈んだ村のマタギの世界を描いているのですが「山のなかに、こんなに豊かな世界があったのか」と衝撃を受けて、山村の医療を志すきっかけとなりました。そのあと、新宿にあった制作会社（民族文化映像研究所）の事務所に遊びに行ったほどです。

＊1984年。製作は姫田忠義、小泉修吉。©民族文化映像研究所。

合田　色平さんが地域医療を志す原点が、吉田寮での出会いにあったのですね。

色平　私の勤めるＪＡ長野厚生連 佐久総合病院*は、「地域医療**」のメッカとして知られています。長く無医村であった南相木村（長野県南佐久郡）に派遣され、１９９８年から10年間暮らしました。常駐する初代の診療所長として、村のおじいさん、おばあさんたちをずいぶん看取りました。

この四半世紀のあいだに医学部や看護学部、海外の学生さん約２０００人がこの佐久の山村にやってきました。たくさんの学生グループが、私のところに宿泊して、農作業をしたり、機織りをしたり、昔の熊撃ちの話を聞いたり。村の方々の立ち居振る舞いから、ご苦労を重ねてきた生き様を学び取っていきました。当時は農山村のフィールドがあまりなかったことから、個人的なつながりで若者を受け入れて、「色平塾」と呼ばれていました。

自分で行動すること、そして他者と出会うことが大事なのです。評論したり、書いたりするのではなくて。やってみて「ぶつかりあいの体験」のなかに、いろいろと感じ取ったり恥じ入ったりしているなかに、手応えを得て、成長するのでしょう。

こういった、上下関係なく、平らな関係で学びあう姿勢は、吉田寮で学んだ気がします。

合田　海外からのバックパッカーを吉田寮で受け入れていたというご経験ともつながりますね。それぞれの個々人に対して、吉田寮という場は触媒として働いて、それぞれはやることは

*長野県佐久市。若月俊一医師が１９４５年に赴任後、「農民とともに」の精神で第一線医療、農村医療の礎をきずいた。

**病院内にとどまらず、地域全体で連携して支える医療を示す。

てんでバラバラなのだけど、自分のありかた、あるいは高校生までに身につけた日本型の教育を、取り払ってくれる役目があったように思います。

吉田寮で何より良かったことは、毎日酒を飲む相手に事欠かなかったこと。飲み過ぎの成果として、日々何を話していたのか記憶にないのですが、お互いの感受性と各々の外側に広がる世界を、生き物の肌感覚として交換し合った感触が残っています。

法学部の学生は、寮生全体の中では少数派だったので、自分の知らないことに関心を持つ人たちとのやり取りを通じて、視野を広げてもらうこともできました。吉田寮での日々の議論は、理論だけでなく場の組み立ても含め楽しみながらも自然と様々な能力を身に着けさせてくれました。

合田　真（ごうだ・まこと）　1975年長崎生まれ。1993年京大法学部入学、94～97年頃在寮。日本植物燃料株式会社代表取締役。大学を中退し、2000年に同社を設立し、アジア・アフリカ等で事業を展開。2016年、Forbes JAPAN誌で「モザンビークで“銀行”をつくった初めての日本人」という記事がで取り上げられた。

◈セミナーとレクチャー

色平　大学での教育はどういうものであってほしいか、話してもらえませんか？

合田　官僚を育てる東大のように、目の前にあるいまの社会に必要な人たちを教育する、という教育機関は必要でしょう。でも、僕が思う大学は、何をやっているかわからないし、役に立つかわからないけれど、好きなことを一生懸命やっているんだな、それでときどきおもろいことをやっているしそれでいいんじゃない、ぐらいのものです。僕はそういうことができる場所が、大学であったと思っています。それは社会が豊かであって、初めて支えられるものかもしれません。明日生きていくためにもっと稼がなきゃ、と社会全体がぎりぎりになっているいまは、そういう余裕はなくなっていると思います。

次の5年間をどのように社会が切り抜けていくかといった、ぎりぎりの切り返しはなんとかなるのかもしれないけれど、次の50年、１００年を本当の意味で転換させる、あるいは支える人材は、そういう場所からしか育たないと思うのです。次の50年後に社会が断絶するような何かが起こったときに、その危機を切り拓けるような人材や技術を、計画的に育てることはできません。将来何が起こるか予測がつかないから、今日役に立つかわからないけど、それをやっておくということこそが、僕は大学の役割だと思っています。

色平　学生と教授との関係はどうあるべきだと思いますか？

合田　学部での教育はいらないと思っています。講義に出ても、だいたい8割方は、本に書いてあることです。最低限の知識とか、テストで問われる答えは、本を読めばわかること。それよりも、教授が講義の合間にしてくれた無駄話が面白かった。無駄話は聞く価値があると思っていたけれども、そのためだけに毎日学校に行くのは嫌でした（笑）。

課題を設定して、見つけて、仮説をおいて、繰り返し思考して……というのはある意味職人芸かもしれないし、いくつかのフォーマットはあると思うのですが、そういうことを一緒に作業する授業は訓練としてあるのもいいかもしれません。

色平　僕は、学生が中心になって企画するセミナーが重要だと思います。昔はラテン語で、「セミナリオ《seminário》」といわれたそうで、安土（滋賀県近江八幡市）、そして京都にあったというカトリックの初等教育機関です。セミナリオでは、一人が10分ほどで発議し、みんなでそれについて意見を言って、2〜3時間続けて休憩します。終わったら気楽にしゃべり、ずっと聞いている教授役の人が、必要なら軌道修正をする。司会も、発題も、コメントも、以下の4つの原則でやると知人のプラトン研究者から聞いたことがあります。信頼の原則、謙虚にふるまうこと。相手を尊重すること。率直に自分の意見を言うこと。感じたことは誠実にきちんと言語化すること。これらの原則をもって、数時間をともにすごすことがセミナリオだというのです。

これをもって思い返すと、僕は大学で「レクチャー」、すなわち一方的な講義しか受けてこなかった。講義は本になっているかどうかだけでなく、肉声で語られる部分の意義もあるとは思いますが、振り返って考えてみると、セミナーこそが貴重だなと思います。

セミナリオは初等教育ということになっているけど、こちらのほうが大事で、ここで教わるのがラテン語でいうアルテス・リベラーレス《artes liberales》*（リベラル・アーツ）だったみたいです。それが大学で学ぶということの本当の意味で、「自由な人間になること」なのだと理解しています。自由なのに責任があるということを担保に、相手の言うことをきちんと聞く。ウィトゲンシュタインの哲学的には「言葉にできるものは正確に言葉にする、言葉にできないことについては沈黙する」でしょう。そんな率直さを学んだのは僕は吉田寮だと思っています。

合田　そういう意味では僕も、大学でレクチャーしか受けていないから、行っていないし、中退しているわけです。いまおっしゃっていたセミナリオにあたるのが、ある意味、吉田寮だったのかもしれません。

色平　そうだよね！

合田　教授がいないけれども。

色平　教授役は軌道修正しかしないそうです。50年以上続くセミナーがあるのですが、その内容は『ロマ書**（ローマの信徒への手紙）』を1章ずつ読んでいくというものです。「謎の言葉が10個以上あり、私はこう解釈しました」と発表していく。「私の読んだ別の本ではこんな解釈があったが、君自身の考えはどう」、とか聞かれる。カトリックである必要でもなく、み

*ギリシャ・ローマ時代に起源があり、人が身につけるべき技芸とされていた。

**『新約聖書』中の一書で、使徒パウロの手によるとされる書簡。

んなが共有できる場、昔だったら『資本論』のような古典で「あなたの本音はどうなの？」ということを、「自分の座標軸」を立てて考えていく。

合田　そのロマ書にあたる作品が、自分にとっては宮澤賢治の作品でした。小学生のときから、谷川雁さんという詩人の方が主催する「ものがたり文化の会」*に参加していたのです。どういうふうに解釈して、体でどう表現していくのか、まさにそういうことをずっと続けてきたのだと思います。

色平　宮澤賢治は国民的な詩人ですね。各民族、各言語ごとに、そういう、みんなが知っている詩があるのです。韓国ではユンドンジュ（尹東柱）、ロシアではアンナ・アフマータヴァ。日本では、そういった存在が比較的少ないと言われているようですが、宮澤賢治は、その一人らしいですね。

セミナーの話に戻りますが、いろんな意見があって、それをきちんと聞いて、コメントするという能力は、英語に限らず、世界中で今、必要な能力でしょう。それこそが教育のなかで大事な、世界で通用するリテラシーを身につけることだと思いますが、どうでしょうか。

◈毎日が多文化コミュニケーションの演習

合田　そのとおりですね。海外で現地の人々と仕事を進めていくには、答えがこれだとか、向

＊１９８０年代に発足。物語の力で子どもを育む活動を、日本各地のグループで続けている。

くべき方向がこれだというのでは、前に進みません。その人の属性にとらわれず、話の中身をちゃんと聞いて、自分でそれの良し悪しを判断する能力が必要なのです。

たとえばモザンビークで電子マネーが受け入れられるかどうかというとき*、前提になるのが信頼関係です。それを築くには、どうすればよいか。そこのフィールドに入っていって、一緒に話し合い、投げかけをする。決めるのは、最後は彼らです。別にそれは全員一致しなくてもいい。例えば5000人の村で、最初100人が、「面白そうだから一緒にやってみよう」と言ってくれるのなら、その100人と始めればいい。その人たちが数年やって、それを見て、「自分も参加したい」という人たちが300人になり、500人になるのです。そういう人たちの中に入っていって、一緒に話し合うのですが、別に答えはない。答えはないけれども、課題はいっぱいあるわけですね。

それを一緒に認識をして、じゃあ、どういう方法があるかを議論し、絶対ではないけど、このやり方を試してみよう、ということです。

そういうことができる能力は、吉田寮での生活で培われたものです。頭の中で考えていることが全然違う、知っている知識も違う人たちのなかで、総会みたいな場もあれば、その日たまたま4、5人で、めし食って飲んでるような場もあれば、いろんな場があるわけです。学校には行っていないけれども、日々、何らかの「議論」を重ねてきた経験があったのです。

*合田真『20億人の未来銀行──ニッポンの起業家、電気のないアフリカの村で「電子マネー経済圏」を作る』(2018年、日経BP)にそのいきさつが詳しい。

色平　いわば毎日が、多文化コミュニケーションのセミナーだったね。

合田　僕にとって今の仕事は、吉田寮の生活の延長でもあり、所属していた探検部の活動の延長でもあるわけですよ。今度こういう活動をやろう、それをどうやって立ち上げて、みんなの合意を取ろうか、と考えて、実行して、それを報告してと。いまだにそれを繰り返してやっているだけです。

色平　1844年にデンマークがプロイセン王国に負けたときに始められた「フォルケホイスコーレ」という全寮制の学校があります。ディスカッション主体の学びで、これが僕にとって理想的なセミナーのあり方です。それを、現在も続けているのが、例えばアジア学院*であり、私の村にやってきた学生たちを集めた「色平塾」です。僕が塾を主宰しているのではなく、みんながセミナーをやっているところに僕がいて、質問がくれば受けるというスタイル。全部答えるけれど、たまに答えられないところがあるのがポイントです。ここまでならわかる、とか。

自分が何を知らないのか、何が見えてないのかということを、はっきりとさせようとするのが知るということで、そのことを僕は吉田寮で学んだと思います。こんな人もいるのか、あんな人もいるのか、全然俺と意見が違うな、って。

合田　何かの課題に関心を寄せるとき、いろんな意見があったほうがいいよね、と考えるのが

＊栃木県那須塩原市にある。アジア、アフリカ等の農村地域から、草の根の農村指導者を学生として招き実践的に学んでいる。

吉田寮的な文化だと思います。

色平　それが医学部では全教科が必修で、レクチャーです。いまは医学部が、医師免許を取りに行く資格学校になっているのです。６年間かかるけど、自動車学校と変わらない。レクチャーの内容を、全部覚え込んで、ただ試験で出すだけ。資格を取ればいいというような場になった瞬間に、それはジョン・スチュアート・ミルのいう大学ではなくなる。*レクチャーのほうが効率はいいですよ。ちゃんと通読して、教科書を覚えるのですから。でもそれは、一つの考え方で頭の中を塗るようなことです。そうすると、新しい発想は生まれにくくなる。一つの色で、ベタに塗っちゃいけないよな。

合田　寮生にはいろいろな学部の人がいて、あえて自分から講義を取らない分野の専門知識、関心分野についての議論が、どんどん出てきましたね。

◈自治について

色平　最後になりますが、自治について少し。吉田寮は、あくまで京大のもとにある自治なので、京大との関係が緊張すると変貌する可能性があります。でも学生時代に、そんな自治の場に過ごしたことは、みなさんの人生のなかで必ず活かすことができる。

私は当時、新入寮生を詩仙堂まで歩いて連れて行っていました。修学院離宮から雲母《きらら》坂を

*Ｊ・Ｓ・ミルの講演がまとめられている『大学教育について』（岩波文庫、２０１１年）では、専門知識より一般教養の重要性が説かれている。ミルはこの講演で「自分自身と自分の家族が裕福になることあるいは出世すること」を「人生最高の目的」とする人たちに大学が占領されないよう、絶えざる警戒が必要であると訴えている。

登って、山を越えて向こう側の大津市坂本まで降りる。すると京都のいろいろなところが見える。京都というところは、日本国家ができる前からあった自治の町だったのです。中世には、比叡山延暦寺の末寺である祇園社（いまの八坂神社）の門前町として栄えました。

地域医療――私たちは「第一線医療」と呼んでいますが――の話でいえば、その地域の農民の指導者があらわれて、その人がしっかりと地域を立ち行かせれば、医者を雇うこともできます。そうしてできあがったのが、いま私の働く佐久総合病院です。そのありさまは、まるで黒澤明の映画『七人の侍』みたいだと私は思っているのです。第一線医療は病院のなかにとどまらず、地域での住民の生活に密着した医療を実践することですが、その主役は、地域であって医者ではありません。病院を育てそのスタイルを確立した若月俊一*はヒーローなのですが、若月をヒーローにしたのは農民たちです。若月を迎えたのも農民組合で、病院のオーナーシップは農民にあるというのが基本。これは自治の精神にもとづくものです。

合田　自分のなかに言語化されていなくても、そこまで深く主体的に吉田寮の自治にかかわらずとも、寮生活で染みつくものは、かならずあると思いますね。

注：2019年9月30日、佐久総合病院にて行われた座談会の内容をもとに、編集部が作成しました。

＊1910〜2006年。1945年に佐久総合病院に赴任し、院長就任。「農民とともに」の精神で農村医療、地域医療を実践した。

「京都啓蒙」と吉田寮
——スコットランド啓蒙との共通点

山森　亮
Yamamori, Ryo
同志社大学経済学部教授。1990〜94年在寮。

「100年以上続いている吉田寮についてのこの本に、私なんかが書いていいのだろうか」というのが、最初にお話をいただいたときの率直な気持ちでした。なんといっても第一に、私が吉田寮に在寮したのはたったの4年間（1990〜94年）でした。大学学部の標準年限は4年なので、読者の皆さんには普通のことに思われるかもしれませんが、吉田寮には10年、12年と住んでいた猛者が結構いました。第二に、寮の委員会にも関わりはしましたが、そのために留年を余儀なくされるほど頑張ったりはせず、さっさと4年で大学も寮も出てしまいました。他の時代は分かりませんが、私のいた頃は、多数決をとらず、時間をかけて寮生同士の対話による合意形成をしていました。そのため委員長などを真面目にやると、多くの時間とエネルギーが必要となり、4年で卒業するのは難しくなっていました。第三に、卒業＝卒寮後は、ほとんど寮に立ち寄ったりしなかったので、卒寮後の状況には疎いですし、第四に、職場の改装・新築などでシックハウス症候群を発症・重症化してからは、煙草の煙（に含まれるホルムアルデヒドなどの揮発性の化学物質）にまったく耐性をなくしてしまい、紫煙ただよう寮周辺にはほとんど立ち入れなくなってしまいました。

それでも、私を現在の私たらしめているものに、吉田寮の影響があるのではないか、と編集者の方から問われ、たしかにないはずはないので、以下、駄文を。

吉田寮界隈を鴨の目で上から眺めると

とはいえ、すみません、吉田寮での日々については、楽しいこともありましたが、苦しいこと、自らのふるまいで他人を傷つけたことも（たぶん）あり、書こうとすると息苦しくなってしまいます。忘れてしまいたいことが多すぎます。そんなわけで、蝶、いや鴨か鷺にでも、ならせて下さい。吉田寮から、飛んで飛んで飛んで、すこし上空から見下ろせば、以下にお示しするような景色が見えてくるはずです。

寮の西を南北に通る東大路。南に行くと、「よろずや」「ザックバラン（ZAC BARAN）」「あけぼの」といった寮生が夜に塒《とぐろ》を巻いている居酒屋がありました（ザックバラン以外は今はなし）。

熊野寮もあります。その向かいの丸太町通沿いや、「あけぼの」から西へ向かう二条通りは、古本屋街の佇まいが当時は残っておりました（今はどうかな?）。

北へ行けば、東一条の角に、当時は京大の人文研（人文科学研究所）がありました（現在は移転）。そのまわりには関西日仏学館①、日本イタリア会館②、喫茶店のクラークハウス③など（いずれも現存）。ちなみに当時人文研だった建物がある場所は、昔は日独会館だったそうです。南北に隣接する敷地の境界をめぐってアルザス＝ロレーヌよろしく紛争が絶えなかったとか（ドイツ文化センター〈ゲーテ・インスティテュート〉は当時までに川端通沿いに移転、現在もそこに）④。さらに北へ行くと、西部講堂。屋根にある3つの星を見ると、胸が痛みます。星の由来を知りたい人は調べてください。その北には百万遍。交差点南東の京大の石垣は、2005年の「石垣カフェ」の舞台となりました。

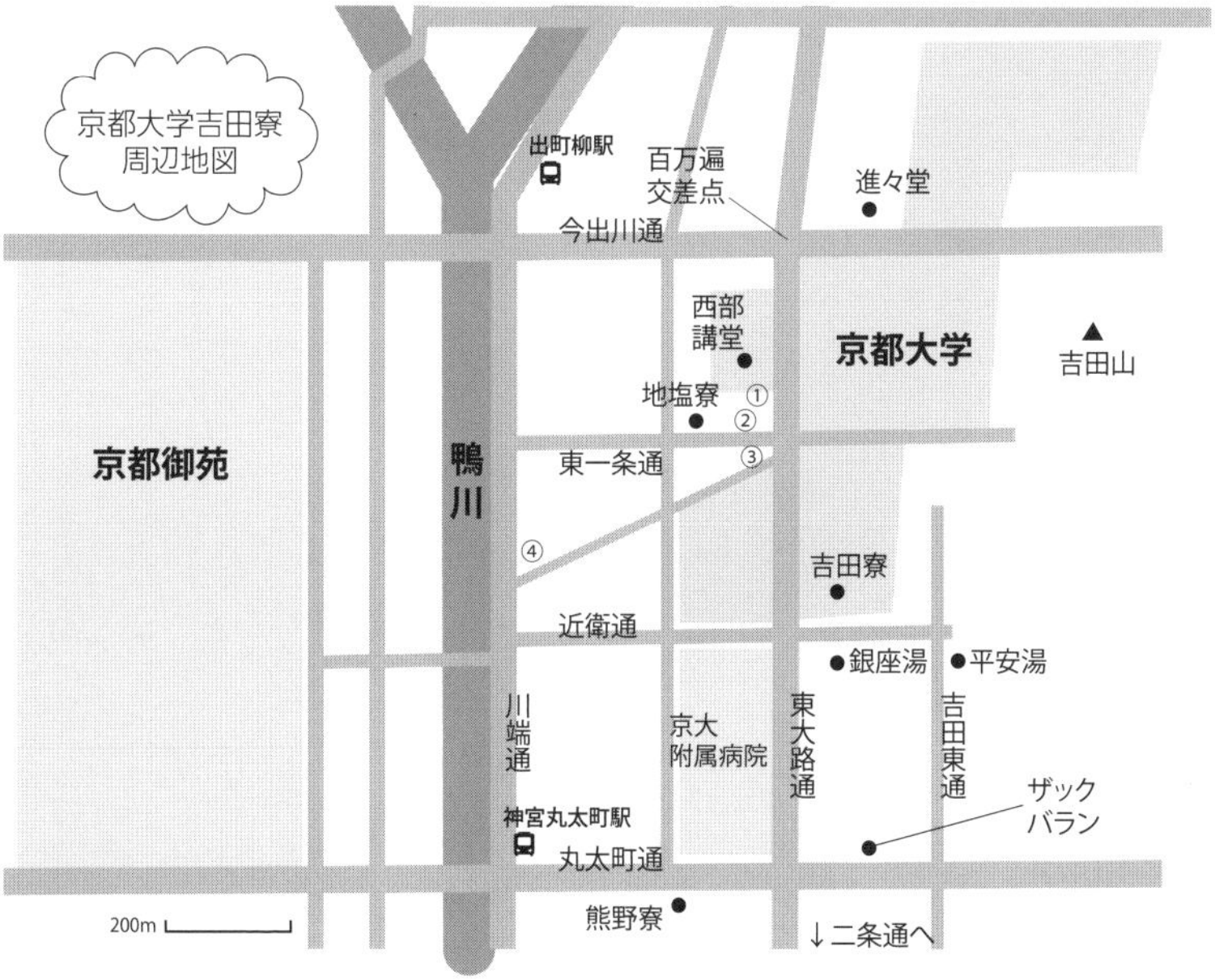

私が吉田寮にいたころの百万遍には、マクドナルドも松屋もコンビニも、いわゆる全国チェーンのお店は一つもなかったように記憶しています。この百万遍を東へ数分いくと、理学部へたどり着く手前に、喫茶店の進々堂があります。ここの創業者の方は非戦論者で大杉栄と交流があったと伝えられています。

吉田寮から今度は東方向に進んでみると、銭湯が2軒あり、また突き当たり吉田東通りには、寮生を含む京大生の胃袋を満たす定食屋が密集していました。その先の細い道をグネグネと登っていくと吉田山。中腹に「白樺」という伝説の飲み屋が、当時はまだありました。吉田山は京大のキャンパスではないはずですが、なぜか教養課程の数学の授業で吉田山を歩きながら、というものがありました。

吉田寮から西へ行くと、医学部や薬学部、そして旧吉田西寮を通り抜け、鴨川に。上にかかる荒神《こうじん》橋は……くどいですね、以下略。

スコットランド啓蒙と京都啓蒙

さて、つぎにお示しするのは、吉田寮周辺図とほぼ同じ縮尺の、エディンバラ旧市街周辺図です。エディンバラは、スコットランドの首都ですが、18世記に花開いたスコットランド啓蒙運動の主要な舞台となりました。ディビッド・ヒュームやアダム・スミスの名前は耳にしたことがあるのではないでしょうか。彼らも生涯の一時期をエディンバラで過ごしました。

1760年代に新市街の建設が始まるまでは、エディンバラ＝旧市街だったわけですが、旧市街の二つの特徴がスコットランド啓蒙が花開く条件となったとも言われています。第一にスコットランド啓蒙を担った知識人の多くが、この狭い区画の中にひしめいて、相互に交流をしていました。第二に、そこは知識人だけの象牙の塔よろしく隔離された空間ではなく、老若男女、あらゆる階級の人びとがひしめいていたと言われています。この区域の人口密度はロンドンを上回っていたと言われています。

あまりに人口過密ということもあり、新市街の建設が計画され実行に移されていきますが、富裕層や知識人の多くが新市街に移住していくにつれて、スコットランド啓蒙の黄金期は過去のものとなっていきます。新市街そのものは、スコットランド啓蒙の担い手によって計画され、

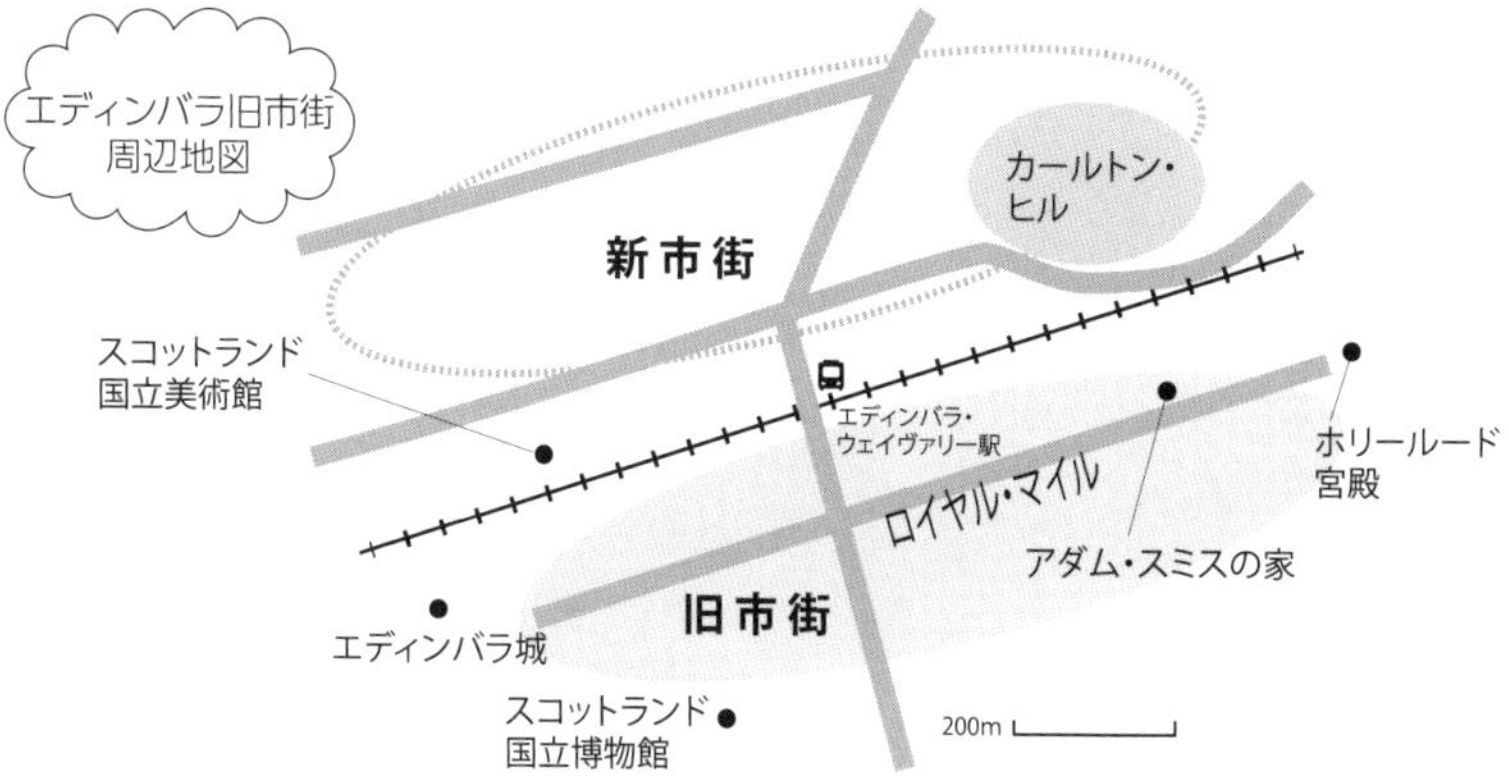

その精神を体現しているとも言われているだけに歴史の皮肉ではあります。

話をエディンバラから左京区に戻しますと、もしスコットランド啓蒙ならぬ「京都啓蒙」と呼べるようなものがあるとすれば、吉田寮界隈の地域は、エディンバラ旧市街がスコットランド啓蒙に対して果たした役割と同様の役割を果たしてきたのではないでしょうか。いわゆる戦前の京都学派の時代や、戦後の人文研黄金時代などは、私には分かりませんが、無数のハブの一部に吉田寮や西部講堂や一連の喫茶店や飲み屋があるような、文化や知識形成のネットワークが少なくとも１９７０年代以降、存在してきたように思います。

まずエディンバラの旧市街と同じように、狭い地域に、知を求める人びとが集中しています。それでは当時の旧市街にあった多様な人びとの関わりはどうでしょうか。もちろんこのネットワークに占める京大という閉鎖的な存在の大きさは否定すべくもないのですが、しかし大学の存在に止まらない開かれた人の流れがあるようにも思います。そもそも私が吉田寮に流れ着いたのは、東京郊外のある建設現場での出会いでした。浪人時代に小遣い稼ぎで入った現場に、東京の山谷からきていた労働者がいました。40kgのセメント袋を運ぶ仕事で、腰が立たなくなってしまった私に、その人は、監督の目につかないところを案内して休ませてくれました。そしてその後は腰にこない別の仕事が私にふられるようにしてくれました。その現場には、山谷に支援者として関わっている人もたまに来ており、山谷の夏祭りにつれていってもらい、そこで出会った人たちから、吉田寮の話を聞いて……。過去の日雇労働者たちと寮生の関わりがなければ、私は吉田寮に辿り着いていなかったでしょう。

私が思いつくことくらい、だいたい誰かがすでに言っているはずで、そう思って探してみると、いました。小倉紀蔵さんという方が、『京都思想逍遥』*という本の中で、「思想的創造力が炸裂する地点が線となって結ばれ」ているとして、「京の創造性臨界ライン」と名付けています。北白川あたりから京大・吉田寮界隈を経て、東九条を通って深草へと至るラインです。ここに包含される地域はエディンバラ旧市街より広大となりますが、同旧市街が持っていた多様な人びとの混交という点では、こちらの方が近いかもしれません。

中動態としての啓蒙

多様な人びとの出会いのハブになっている様々な場の中で、吉田寮が持っている特異性があるように思います。それは第一に、何らかの目的のために人が集まっている場ではないということ、第二に、そこは生活の場であるということです。寮の目的が何かという神学論争にここで入っていくつもりは毛頭ありませんが、その目的の少なくとも一つは、京大生の中では比較的出身家庭の所得が低い人たちの生活の場となることであることには、そんなに異論はないのではないかと思います。少なくともそう思っている人たちがたくさん寮生として住

*小倉紀蔵『京都思想逍遥』ちくま新書、2019年。

んでいたことで、上記のような二つの特徴があって、それは周辺にある西部講堂その他のハブとは異なる性格を、この吉田寮というハブに与えてくれていたように思います。

ここでは私が経験した二つのことを書かせてください。中動態（的出会い）と（来るべき）民主主義について。

まず中動態から。スコットランド啓蒙であれ、「京都啓蒙」であれ、なんちゃら「啓蒙」というと、「能動的」な知の共同体が想定されるでしょうが、私自身の寮生活を今振り返ると、決して自分の意思に基づく「能動的」な行動ではなく、かといって「受動的」とも言い切れない、不思議な出会いと行動がたくさんあったように思います。

例えば、美味しそうなコーヒーのアロマにフラフラっと吸い寄せられて、今まで入ったことのない部屋をついノックしてしまう。中にいたのはこれまで挨拶以外交わしたことのない気むずかしそうな10歳くらい年上の人だったりする。とはいえ顔を見て、「あっ」と扉をしめて立ち去るのもあまりに無礼。で、厚かましくコーヒーをご馳走になりながら、なんとか会話の糸口を探そうと、布団の上に散乱している本のタイトルに目を走らせる。（一体この人は大量の本に占拠された布団でどうやって寝ているんだという疑問を振り払いながら）、目についた詩集について質問すると、部屋の主は目を輝かせて語り出す。気がつくと、時々手土産を持ってその人の部屋を訪ねるようになり、その都度その人が面白いという本を借りるように。今となっては最初に借りた本の詩人の詩抜きの人生など、考えられないのだが。その証拠に今も本棚に詩集が……あ、その人が寮を出たときに譲り受けたやつだ。

例えば、ある日、夜勤から帰ってきて部屋へ戻ろうとすると、途中の共同スペースから声がする。覗くと見知らぬ人が、私に向かって何かを喋っている。介助が必要なのだろうか。でも具体的に何をして欲しいのか、残念ながら私にはその人の発話を理解できない。寮内で事情を知ってそうな人のあたりをつけて助けを求めにいくも、自分で聞き取れと追い返される。仕方なく、何かを訴えかけている人に何度も何度も繰り返してもらう。やっぱり分からない。仕方がないのでこちらから、「誰かを探しているのか」、「トイレに一緒に行きたいのか」などと質問して、相手の反応を伺い、だんだん最低限のコミュニケーションをなんとか取っていく……。ああっ、もう授業の開始時間を20分も過ぎている！　仕方がない、今日こそは出席しようと思っていたが、諦めよう……。

一番目の例では、自分から今までまともに話したこともない人に詩人論を語ってもらおうと思って部屋を訪ねたのではないし、二番目の例では、介助の必要な人の介助をしようと思って共有スペースを覗いたわけでもないという意味で「能動的」とはいえないでしょう。かと言って、相手の行為なり強制力に身を委ねたわけでもないので「受動的」とも言えないように思います。

これらの経験をなかなか言葉にできないでいましたが、しばらく前に國分功一郎さんという人の『中動態の世界』*という本を読んで、あっ、と思いました。言語学に詳しくない私が、ここで中動態とは何かについて国分さんの受け売りをするとボロが出るでしょうからしません。ただ行為を「する」「される」という視点から能動と受動に分けるのとは違う言語が過去にあり、中動態というのはそれに関わってくるものだという、私の粗い理解を記しておきます。で、吉田寮はそうした中動態的世界に開かれた場だったと思うのです。

来るべき民主主義

吉田寮の意思決定の仕組み、総会**やら委員会についてはこの本のほかの文章にも触れられていますが、私のいた頃は（今もそうだと思いますが）、多数決を取らず、話し合いで一致点を見つけだすまで、話し合いを継続しました。この理念が良いのか悪いのか、一概には私はいえません。少なくとも自分が寮にいた頃、とりわけ委員会に関わっていた頃は、そのマイナス面にばかり目が行きました。総会は夜開かれます。日付が変わることもしばしば。結局（早朝にバイトに行く必要のない）お金のある人か（徹夜も苦にしない）体力がある人の声が通る仕組みではないかと。また、論理的には反論できない？しない？のに、「嫌なものは嫌だ」的な反対の声が多く、物事が前に進まないことにも、よく心の中で痺れを切らしていました。

*國分功一郎『中動態の世界──意志と責任の考古学（シリーズ ケアをひらく）』医学書院、2017年。
**定期的に開催され、全寮生が出席して意思決定を行う場。本書15頁、18頁などでも触れられている。

この後者の点について、目的に基づいて組織されているような共同体では、痺れを切らすのは当たり前かもしれません。でも生活の場である寮で一緒に暮らしていると、総会のような場で言葉にできないことが、単に好悪や情緒の問題であって、全く論理がないかというと、そうも割り切れないということに気づきます。こうしたことは日常的に顔を接する生活の場としての共同体にいたからこそ、気づけたことのように思います。

寮内の民主主義の不全を数え上げることは、たやすいかもしれません。それでもそれをより良きものにしようと、多くの寮生たちが膨大なエネルギーを割いてきたことに希望を見たいと思います。民主主義というと大仰かもしれませんが、人と人とが交わり、何かを決めなくてはいけないときの、間合いというか姿勢というか、そういうものを学んだと思います。

近年の状況は門外漢の私が言及することではないかもしれませんが、新棟のオールジェンダートイレなどの導入などをみると、京大当局も巻き込んだ、民主主義の希有な実践がなされていたと思います。それだけに、現在の事態は残念でなりません。京大総長や理事のみなさんも、ぜひ入寮して、寮生たちと共に学んで欲しい。切に願います。

寮自治とフェミニズム
――オールジェンダートイレ

高橋歩唯
Takahashi, Ai
京都大学大学院生。2013年に入寮。

京都大学の学生寮である吉田寮は、寮生たちが共同生活を営んでいます。居住者である寮生全員で構成される寮自治会によって、掃除や部屋割りなど日常の寮生活から、京都大学当局（以下当局）との交渉、入退寮選考に至るまで、「自分たちのことは自分たちで決める」自治自主管理によって運営しています。入寮資格は、かって日本人男子学部生のみでしたが、寮内で話し合って、性別要件、国籍要件、学籍要件をなくし、現在では「京都大学に学籍のある全ての学生、及びその者と切実な同居の必要性がある者」としています。実際に様々なバックグラウンドの人たちが、寮生として共同生活を行っています。

入寮したきっかけ

私が吉田寮に入寮したのは2013年です。当時既に入学して数年経っていました。京大は、ジェンダー比率が極端に偏った大学です。2019年度の学部学生数は男子1万93人、女子2899人、大学院学生数は男子6367人、女子2376人*となっており、学生の女子率はおよそ4分の1です。歴代総長は全て男性、大学法人の最高意思決定機関である役員会も男性7人に対し女性が1人。この近年で特異的に偏りがあるわけではなく、これまでにジェンダーの不均衡をなくす取り組みが積み重ねられ、少しずつ改善して来た結果としての現状です（数字は全て京都大学公式サイト内「京都大学概要 2019」から。なお、これらの数字は男女二元論を前提として当局が集計したものであり、ノンバイナリーを含むトランスジェンダーの学生たちが正確に反映されていない可能性があります）。

ここまで極端なジェンダー比率の空間は、想像に難くなく男性中心主義です。入学以来私は、授業、サークル、研究室、バイト先（京大の学生が多かった）などで、ことごとく「女」扱いされる状況にウンザリしていました。新入生「女子」に対する上回生の〝乱獲〟行為（そして「誰がどのランクの女子を落とすか」という競争で盛り上がる）、「職場の環境を良くしたいから」と「女性代表」として意見を求められ（そしてよくある偏見的な「フェミニズム」に対する愚痴を聞かされ同意を求められる）、授業では男性教員が「女子」に見える学生に対して異性愛者だと決め付け

＊なお、2023年5月1日時点での人数は以下のとおり。学部学生数は男子9908人、女子2862人、大学院学生数は男子6269人、女子2518人（出所　京都大学概要2023）。いずれも外国人留学生数をのぞく。

「結婚するならこういう男性がいいよね?」と問い掛け（そして授業内の息抜きとして同調的に上がる笑い声）、学内で流行するフリーペーパーでは「女子学生の傾向を学部別に分析して攻略法を伝授する」みたいな記事（そして編集員構成を調べると「女子」学生の方が多かった！　う〜ん、なんか分かる気もする……）。日常的に横行するこれらの文化に苛立っていた私は、２０１２年に学祭の「ミスコン」への反対行動に参加しました。すると、周りの人たちからバッシングの嵐……。

心身共に疲れ果て、少しでも安住したいという思いから、翌年吉田寮に入寮しました。当時、吉田寮生の中に「ミスコン反対」の立場を掲げていた人が何人かいたのです。

入寮してみると、しかしそこはやはり京大の一部で、十分に男性中心主義がありました。ただ助けられたのは、寮には「話し合いを大切にし、トラブルは当事者間で解決する」という理念があったことです。「女性」が受ける差別や抑圧を訴えようとすると「気のせい」「感情的」と言われ取り合ってもらえなかったり、そもそも発言の機会がなかったりします。男性中心主義の世界でサバイブする「女性」たちからも、「そんなこと言うのやめとこうよ」「ワガママだと思われるよ」といった〝忠告〟を受けることは珍しくありません。これが社会のデフォルトですが、「話し合い」と「当事者間解決」を大事にしている場所では、意見を言う権利が暗に認められていて当事者として尊重してもらえます。たとえ相手が「（女／）性差別」に鈍感であったとしても、意見を聞く相手として扱われるだけで格段に話しやすさが違うのです。この理念の存在は、入寮資格枠の拡大が寮内で取り組まれ実現していったこととも関係していると思います。

寮内委員会の立ち上げ

私が入寮して2年目、セクハラやその土壌である男性・シスヘテロ中心主義*を問題化する有志の寮内委員会（セクハラ対策特別委員会）が立ち上がりました。「女性に見える人が攻撃されやすいのはどうして？」「見た目で人の性別やセクシュアリティを決め付けるのはセクハラでは？」など議論をし、勉強会や茶話会を開催しました。

この活動において私たちが選んだのは、裁判や処分の代行ではなく、被害者が孤立せず闘えるようなサポートと、セクハラが起きにくくなるよう性差別・ハラスメントの構造について言語化し寮自治にフィードバックし続けることでした。被害当事者を置き去りにしたまま、周囲が先行して問題化することで、結果的に被害者の主体性やペースを蔑ろにし追い詰めてしまうことを恐れていました。また、私たち自身も、加害者になってしまう可能性があること（一般的に、女性差別の被害者であってもシス女性はトランス差別に鈍感であるし、同性愛差別の被害者であっても男性は女性差別に鈍感）を考え、常に立ち止まり、自身が気付いていない差別

＊出生時に制度的に割り振られた性別のまま生きている人を指す「シスジェンダー」、性愛の対象を異性のみとする人を指す「ヘテロセクシュアル」という、この社会の支配的な性の在り方があたかも自明であるかのように当然視する考え方。（高橋）

構造にも敏感になろうと呼び掛けていました。

こういったアプローチを私たちが選択した背景には、当局が設置した現行の「ハラスメント相談窓口」体制に対する不信感もありました。大学公式サイトでは、「ハラスメントを受けた場合」に「一人で我慢せず」「ことばと態度で（中略）はっきりと相手に伝えましょう。無視したり受け流したりしているだけでは、状況は少しも改善されません」のように、被害者にさらなる負担を強いる記述や、加害者に甘く見える記述が並んでいます。相談窓口と法務コンプライアンスが一体化されてしまったため、性差別やハラスメント問題についての専門性よりも裁判対策などを重視した設計で、実際に相談窓口を利用した学生が「加害者も反省しているからもう終わりにして」とか「理事や総長によるハラスメントは公平に裁けません」とか言われたという話が跡を絶ちません。セクハラへの対応は、1つの窓口に全て委ねるのではなく、コミュニティ全体で向き合える人びとを増やしていき、網の目のように仲間と問題提起を増やしていくことが、最も重要だと考えたのです。

もう一つ、私が入寮した頃に寮内であった大きな取り組みは、新しく建てられる寮棟のトイレをオールジェンダー化することでした。そのため、性別を問わず使え、覗きなどの性暴力を防ぐよう完全個室、全ての個室内に洗面台を置く設計を、当局との交渉において寮自治会から提案しました。私はこれを、公共性の問題であると捉えました。誰もが日常的に必要とするトイレは、ノンバイナリー*や性別移行中のトランスジェンダーの人たちも含め、ストレスなくアクセスする権利があります。また、頻発するトイレでの性暴力も防ぐ構造でないといけない。実際に当局も交渉において「性暴力を防ぐために男女別のトイレでないと認められない」と主張していましたが、現に男女別のトイレでも性暴力は起きています。京大の「女子トイレ」によくある「不審者が目撃されました」という張り紙には二つ問題があり、「性別分けトイレでも性暴力を防げていない可能性」と「見た目によってそのトイレから排除すべき人を決め付けている可能性」の両方が示唆されています。見た目で「女」だの「男」だの決め付けられ、不当に抑圧されたり優遇されたりすることに反対していた私にとっても、「不要な性別分けをなくし、実効的な性暴力対策を提示する」この方針は魅力的でした。それに「同性間であれば性的な眼差しが生じない」という前提は、同性を性的対象とする人びとを不在として扱っている点で抑圧的です(これは「同性愛者が同性に性暴力を働く」といった同性愛差別の言辞に与するものではありません。そうではなくて、「その空間には異性愛者しか存在しない」という前提を持つことが同性愛排除的で問題があると考えます)。吉田寮は、入寮にあたって性別要件もセクシュアリティ要件もありませんので、あらゆる性別、あらゆるセクシュアリティを生きる人びとが、共に寮生として生活している可能性を考え、性差別的、抑圧的でない空間を作っていきたいのです。

*性別は「女」「男」のどちらか一つだけではないとする生き方、特にこの文脈では自身の性別を男女二元論的な「女」「男」のどちらかではないとして生きている人のこと。(高橋)

このように、吉田寮での自治の経験は、（女／）性差別に抵抗する私の主体形成に大きく影響しました。

悲しいことに、現在の京大当局はこういった学生自らが寮内においてフェミニズムを実践する空間を含めて丸ごと、全寮生を追い出すことで解体しようとしています。吉田寮が消失した後の京大で、共にフェミニズムに取り組む仲間と出会えるか、大きく不安があります。まだ希望を捨てられない寮自治を奪われないように、私は今日も闘い続けています。

注：本稿はウィメンズカウンセリング京都発行「ＷＣＫニュース 第95号」２０２０年7月号掲載記事より転載しました。

対談
世代をこえた女子寮生

越道京子（元寮生）　私は2000年ごろ住んでいました。吉田寮に初めて入った時、男女共用のトイレに驚きはしましたが、不思議な解放感を感じました。自分という存在を、男女という枠のなかで捉えられることから越えられた自由のようなものを感じたのだと思います。

京都大学に入ったのは1998年ですが、経済学部では女子学生の割合がクラスで1割ちょっとでした。女性の先生の授業は、語学では受けた覚えがありますが、経済学部の科目では記憶がありません。ゼミの指導教官は全員男性でした。女子学生にとって、女性の先生の存在はロールモデルとして大切だと感じます。

高橋歩唯（現役寮生）　現在でも京都大学のなかで女子学生の割合は2割程度と少数派です。

寮のなかでも、コロナ禍までは旧印（旧印刷室）という男子新入寮生向けの大部屋が寮生の溜まり場所でした。寮の執行委員長は私の知る限りほとんど女性がおらず、女性で委員会をやる人も1割弱。実数以上に寮における中心的な場所に女性は少ないです。

越道　そもそも京大における女子学生の比率が少ないなかで、生活スペースが分けられていない寮に住むことに溶け込める女性は、さらに少数派でしょうね。

高橋　吉田寮の現棟は、現代的なマンションと比べるときれいな建物とはいえないですが、「汚なかったり、いろいろな人が自由に出入りできる場所は危なく、女性向けではない」という規範が、女性にのみ向けられるという抑圧があると思っています。

大学にも社会にも、そのような女性を抑圧する規範がいろいろなところにあると感じます。

越道　女湯だったり、女性専用の寮の方だったりの方が犯罪者に狙われやすいということがありますね。

高橋「女性の安全」を大義に、女性の自由な行動が抑圧されていると感じることがあります。女性専用スペースを隔離的に設けることにより、かえってその場所にいない時には女性の安全が確保されないことが軽視される言い訳に使われている。

越道　私は女子校出身ですが、振り返ると楽な空間でした。自分が女性であることを、意識せずにすむのです。

高橋　自分の場合、女子校的なものへのトラウマのようなものがありました。女子だけという空間ですごすという選択肢が人生のなかに全くなかった。

越道　なんとなく共感します。期待されているような女性らしくふるまうことには、違和感がありましたね。

高橋　きちんと言語化してこなかったのですが、私の中にある、またはかつてあったミソジニー、女性や女性らしさに対する嫌悪の問題なのかもしれないと思っているのです。

越道　高橋さんが研究の道に進むのであれば、そういうことを言語化してほしいです。

高橋　大学に入って最初の頃まで、特に高校の時にミソジニーが強く、世の中のすばらしいものは全て男性の生み出すものだと思い込んでいました。それが変わったのが、大学2、3回生の頃。女性作家の作品にハマりました。それまでの自分が抱えていたミソジニーを問いました。

「女性」――つまりこの社会で「女性」として生きている、「男性」としては扱われない人は皆、何かしら女性差別を受けていると感じて生きているからこそ、その問題に声をあげている女性を快く思っていない女性もいるように感じてしまい、理解してもらえるか不安で話しづらかった。

越道　女性ならではの抱えることは共通していますから、女性同士の連帯、シスターフッドが大切ですね。年の差があっても、女性同士という点だけで世代を越え連帯をしていける面はあります。

高橋　1970年頃のウーマンリブの人たちは、女性同士を分断せずに、女性という共通項だけで分断を克服し、つながりを作ろうとしてきたところがすごいと思います。それが「シス女性（79頁参照）」に限られていたという批判もあるのですが。

　吉田寮のセクハラ対策特別委員会を立ち上げた当時は、今よりもっと風当たりが強かったです。

越道　私の場合、個人的に違和感を抱えているだけで、周囲にフラストレーションをぶつけるくらいしか若い頃にはできなかったです。

高橋　私自身が、「性差別や性暴力について、自分が考えたり、問題提起をしたり、寮内で発信している」ということだけで、寮内全体で共有できているかのように、勘違いをしてきたことを痛感しました。

　このような話を、普通にできるだけでエンパワメントになると感じています。

越道　互いの違いを乗り越えても理解しあえると考えられることは多いけれど、そうではなくて、違いがあってもコミュニケーションをし続けることが重要ですね。

高橋　この社会では、「男性」ジェンダーには「正しさを証明して相手を説き伏せる」というコミュニケーションスタイルが負わされています。そして、調整して周囲をケアし緩衝材として振る舞う役目が「女性」ジェンダーに押し付けられる。私自身の反省として、自分がそういう「女性」ジェンダー規範を内面化してやってきたのがよくなかったのかもしれないと思っています。

そういう意味では、今は社会全体で、コミュニケーションスタイルの移行期にあると思います。ジェンダー、性差別について問題化する言葉や制度は確実に増えてきていて、それが社会的にも共有されつつあります。

越道　企業の管理職等につく女性も増えていますが、政府の掲げる女性比率3割目標にはまだまだです。

高橋　スピーチやディベートなどの技術を研鑽できる機会は、「女性」よりも「男性」に回ってくることが多く、機会に不平等があります。「男性」ジェンダーとして教育されることは、人を仕切り、人前に立ち、議論をして相手を説き伏せる役割をもつ前提で育てられるけれど、「女性」はそうではない。

越道　女性は聞き分けがよいことを期待されている面はあるかもしれません。面と向かってそう言われることは少なくなってきていても。日本で生きてきたら、身体的に、習慣のように染み付くものがありますね。

高橋　こういう性役割規範への指摘こそ、リブやフェミニズムが課題としてきたことです。

越道　このような話が、気軽にできるようになることが、大事かもしれないですね。

たかはし・あい　2013年入寮。
こしみち・きょうこ　2000年入寮。

Ⅱ

魅力がいっぱい　木造建築と寮生活

人間性を鍛えてくれた自炊制度と寮生活
——生涯の進路の原点となった活動

奈倉道隆
Nagura, Michitaka
医師、東海学園大学名誉教授。1934 年生まれ。1954 年に京大医学部入学、1956 ～ 60 年まで中寮に在寮。

私の京大時代の思い出は、大学で講義を受けたことよりも、寮生活が真っ先に浮かんできます。寮生活が基盤にあって、そのなかに授業やサークル活動が折り込まれていたという感じです。

寮生活が私の人間性を鍛えてくれました。今日にいたるまで、ずっと一貫して私を支えてきた生き方の枠組みは、寮生活を出発点としています。

１９５０年代の寮生活のなかで一番、私にとって印象的であったことは「自炊制度」です。このことを中心に、ご紹介したいと思います。

自炊制度による人格の陶冶

吉田寮が現在の場所に設置されたのは1913（大正2）年で、そのときの食事はまかない業者に請け負わせていました。1930（昭和5）年に、寮生が総会を開き、まかない業者による請負制をやめて寮生の委員による自炊制度とすることを決議しました。自分たちの力で食生活をやっていこうという決意のもと、実施されたのです。

寮生のなかから炊事部に所属する者をみなで選び、食費をみなが均等に提供します。炊事部はそのお金で炊夫《すいふ》（炊事夫、炊事婦）さんを雇い、材料の仕入れから調理、配食にいたるまでお願いする仕組みです。

寮生が雇用した炊夫さんの労働のおかげで、寮生の食生活がまかなわれていました。生活の一番の基盤である食が、自主的に寮生の手で担われた意義は大きいと思います。自炊制度のもとで、一つの釜の飯をわかちあって、一緒に食べてきたことで、寮生活で大事な人間関係を築くことができました。

1940（昭和15）〜1961（昭和36）年までの21年間にわたり、寮母として勤められた野田もとさんという方がいらっしゃいました。野田さんの追悼文集に*、「昭和23年頃の寮生活」という題の文章が寄せられています。1950（昭和25）年卒、工学部の大井浩さんが書かれた文章を、ここに引用させていただきます。

*野田もとさん追悼集編集発行委員会『われ汝を見捨てじ』1985年。京都大学寄宿舎舎友会という同窓会が中心となり作られた。

「寮委員による完全自炊制であったので、われわれ（炊事部の）委員は、学生部の担当職員、地元の米屋、酒・調味料屋、燃料屋との折衝があり、得がたい体験であった。主食は配給制で少量の米とトウモロコシ粉、椰子粉、キューバ糖などで、特にトウモロコシ粉のパンのまずさは当時でも閉口であった。……炊事夫の中野チーフは、毎朝自転車で市場に材料を仕入れに行き、乏しい材料を活用して料理の腕を振い寮生を楽しませてくれた、貴重な存在であった。……寮の部屋では電熱ヒーターの使用が認められており、当時としては恵まれていた。毎夜のように遅くなってから何となく集まって飯を炊いたり、鍋物を作ったりして空腹をしのいだものであった。……数人が寄ると、現状を憂え明日の日本を論ずることがしばしばであった。寮生は大部分、学資が乏しく、ときどき夕方に太秦の映画のエキストラの依頼が寮にくると、アルバイトに出掛けて夜明けに帰ってきた。」

そんな、1948（昭和23）年頃の寮生活でした。私どもよりも古い時代の手記ですけれども、共感を覚えます。それから、同じ文集に書いていらっしゃる、尾形誠宏さんの文章も紹介します。医学部を1951（昭和26）年にお出になった方です。

「思想の多様化はもとより、清濁・硬軟混在、玉石混淆の時代であったが、彼女（寮母の野田もとさん）は右翼から左翼まで分けへだてなく、気さくに学生の輪の中に入ってくれる人であった。当時の舎生一人一人にはそれぞれ個性があって、色合いが違っても、今流にいうなら超党派的な楽しい交流があったように思う。現代の学生との違いには、何といっても当時の舎生は揃って貧乏で、貧困と混乱の中で同じような苦しい生活を通して、お互いに生きる道を模索する生活の場としての寄宿舎があった点ではないか、と思う。」

これは、寮生の間にはいろんな考え方があって、そういうものを率直に出し合えたということです。野田もとさんは、どんな集まりにも出られて、一緒に、どんなことでも遠慮なく話しあってくださった。生活の貧困や実感から出てくる意見であり、観念的な論議、政治的なイデオロギーに振り回される論議ではなかった。考え方が違っていても、お互いの話をよく聞いて、共感できるところは共感していくという、こういう寮生活の模様が手記で残っています。当時の寮の自由の風潮がよくあらわれています。生活を通して、初めて見出されるようなもので、寮にいなかった人からは多分うらやましがられるだろうし、寮で生活できた者への大きな恵みだと私は思います。

寮生活の基盤が自炊制度にあって、そこで食生活を通して他者と結びつき、関係を築いていく。現実の場面では、一緒に酒を飲みに行ったり、女子大生とピクニックに行ったり、あるいは気の合うもので読書会を開いたり。こういう人間関係が、かんたんにつくれて、卒寮者が出れば新しい人が加わるという循環があった。そういう生活の営みが自治を産み出し、自由な雰囲気を形成していったことが、私には強く印象づけられております。

学生同士でおこなう主体的な自治なしには、こういう生活はなりたたない。だれもそれを指導する人もいないし、干渉する人もいない。仮に干渉があったとしても、それは排除して、われわれはわれわれの考え方で行くから、という自主性をもって生きてきました。

私は体験できなかったけれど、すこし上の世代は風呂の体験をもっている。「風呂はよかった。風呂がなくなったのはつらい」と言っていました。食のみではなく、肌と肌をつきあわせるという交流は、寮でないと味わえないものでした。

人生の進路を決めた「集団下痢の騒動」

終戦になって、戦争から帰ってきた学生を大学に入れる世話係も必要だということで、1945（昭和20）年に学生部のなかに厚生課ができました。そして1958（昭和33）年に、厚生課のなかに寮務掛が設置されました。寮生のために一生懸命に動いてくれました。

ちょうどその頃に、寮食堂に由来する集団下痢が起きました。1958年6月、発熱、下痢をする学生がたくさん出ました。明らかに寮の食事と関係があるということで、私も一員であった寮の衛生部（医学部寮生）が治療とともに患者の動向を調査すると、寮食堂で食事する者に多く、バイトなどで寮の食事を食べない学生には少ないという結果でした。

それで、これは調理場に原因がありそうだと、衛生部が主体になり、公衆衛生学の実習も兼ねて調理場の大腸菌検査をしてどれくらい汚染しているかを調べました。寮食堂との比較のために生協西部食堂、それから楽友会館食堂も調査させてもらったのです。その結果、寮の食堂は場所によってはほかの食堂より何十倍も汚染されていることがわかりました。そんなに汚染がきついところで、食中毒が起きても不思議ではない。場合によっては人命にかかわることもあると、寮の総務部と炊事部、衛生部が協議して、寮生の手洗いの励行と、同時に安全な調理場への改修が必要だと考えました。単に清潔にするだけでは限界があることから、ちょうどできたばかりの寮務掛に改修について交渉したところ、来年度に予算を組んで調理場の改修をすることにしましょう、と。人命にかかわることだし、来年度では悠長すぎるので、京大の公衆衛生学教室の西尾教授に衛生部が相談に行きました。そうしたら教授も、「このデータは重大事だ、私が寮務掛と折衝しよう」と言ってくださいました。事態は急速に進展し、調理場の改修が緊急に実施されて9月に調理場が再開しました。1か月後に再調査したところ、楽友会館並みの清潔な調理場だという検査結果が出てきて、ああこれで安心だ、と寮生は喜びました。

たまたま、寮生のための寮務掛ができて、一生懸命努力し、緊急予算を取って対応してくれた成果ですが、自治寮の炊事部、衛生部、総務部の協力で、学生の総意として動いたことが問題を解決する力となりました。自治寮だからできたことだと思います。業者任せだったら、このように早急に解決できていたかどうか、わかりません。

この経験は私の人生に大きな影響を与えました。医学部を卒業して、公衆衛生学教室に入ったのです。教授と日本の将来のことを話し合って「よし、公衆衛生をやろう」と考えました。これから医療問題、老人問題が大きくなるからそれを研究しようと、公衆衛生学教室の人たちと調査研究を始めました。6年後の1967（昭和42）年に京大に老年医学講座が設置され、推薦されて老年科の医師となりました。老年の医療や健康問題は福祉と関係があることから老人福祉の領域の研究教育者になって高齢者の医療・福祉を専門とすることになりました。今でも介護福祉のボランティアで老人問題に取り組んでいます。そういう私の人生の始まりは、寮で主体的に寮生の命を守らないといけないと必死になったこと、みんなで頑張ったことでした。それが一生涯に大きな影響を与えています。

寮生活のなかには、寮生の生き方に影響を与えるこのようなことがたくさんあるように思います。

話し合いと自由と

京大の自由の学風がよく言われますが、それは勝手気ままにする自由ではなく、他者の自由や他者の利益も尊重しながら、自分の道を自律的に探し求めていくこと、そして創造的に生きようとすること、そういう自由ではないかと思います。

寮生活はまさしく、それに適合して、とくに基盤になる食生活がそのような精神で営まれていて、そのことが私の生活を建設的な方向に導いてくれました。

しょっちゅうある話し合いも、寮生活の特色の一つです。意識的に話し合おうと集まる場合もありますが、それとなく集まって始まることも多く、「○○君はこのことで意見を持ってるからちょっと呼んでこようよ」などと、メンバーを加え、話し合いが自然発生的にできあがります。寮だからできるのです。大学、とくに寮務掛の職員さんとも、本部から来られたときに話し合いました。

本当の自由は、そうやって求めていくものだと思います。学者が文献を読んで、自由とは何かと論ずる自由ではなくて。日本の自由や自治は、西洋近代思想に基づく近代化のなかで培われてきましたが、次第に観念論が放棄される時代となりました。寮の話し合いの場では、日本人の生活感覚、生活意識をそのまま、特別な意図もなく出し合いました。イデオロギーはいろいろあったとしても、その根底は皆、共通した日本人の生活環境や生活意識に由来するものだと思います。それに基づいて、特別なテーマを設けることなく、わいわいと話し合っていく。そういう話し合いのなかで、自由な生活が実践されていった。これからの日本は、西洋近代思想が培ってきた観念的な自由ではなく、もっと生活に則した自由というものを確立しなければならない時代だと思います。そういうものを生み出す力が吉田寮の過去において存在したし、またそれはこれからも継承されて、京都大学の大事な伝統として尊重していきたいですね。

寮ならではの役割がある

京都大学には大事なことがいろいろとあるけれども、生活を通して考え、論議し合って、また実践していく場は、寮しかありません。これは講義でも、研究室の研究からも生まれない、寮独特の役割です。

これから日本が、西洋近代思想中心から脱却して、新しい世界共通の人類社会を築いていくうえで、日本人が過去から積み上げてきた生活感覚や生活意識を大事にしながら、日本独特の発想を世界に発信していかなくてはいけない。そのなかで寮は大事な力を持っており、これを失ってはいけません。「寮を出て、安いアパートに移りなさい」という感覚では、これは京大として、寮の意味を無視した方針です。寮は大事な発信源で、それをもっと大事にして、学生も寮生も、そういう使命を持っていると自覚しないといけない。こういう生活をしながら京都大学で学んでいる者は、寮生しかない。そういう役割を果たさなければいけないと寮生も自覚して、これからより寮を発展させていこうという意欲を持ってほしいですね。それは現寮生だけじゃなくて、卒寮した者も、寮で培ったものを大事にして機会あるごとに発信していく役割を持っていると思います。

2015年につくられた新棟も、鉄筋よりもできるだけ木造で造りたいという意見のもと、結果として複合材料の3階建てになったそうです。日本文化、伝統的な文化を大事にする京都大学内の敷地にある吉田寮の持つ使命は大きいと思うのです。

市民を招いて見学してもらおう、市民と溶け合っていこうという、いまの現役寮生の姿勢は、僕らの頃にはなかったものです。私たちの時代は閉鎖的な吉田寮の中で考えていたけれど、吉田寮は市民とともに生きていくものだという、今の寮生の考え方、生き方に教えられます。それだけ僕らの頃よりも、進化していると思います。新しい時代の日本や世界を作るために、貴重な生活の仕方を吉田寮から発信することが求められています。

日本最古の寄宿舎といわれる建物の歴史的価値は文化財的にも希少というだけでなく、それが生きたかたちで活用されていることこそが重要です。市民に向かってどんどん発信するという、現在の寮生の新しい貴重な実践を、元寮生も、大学も、大事にしていかないといけない。それが吉田寮の使命なのだと、未来に向かって吉田寮が発信できるように支援したい。自分たちの住み処というだけではなく、そこに住む者はそういう使命を持つと自覚して、寮生自身も工夫しながら現代に活かす努力をしてほしいと思います。

注：冨岡勝氏には、京都大学大学文書館所蔵の「寄宿舎総務日誌」等に基づく検証をお願いしました。
本稿の内容は、２０１９年7月14日に京都市内で行われた座談会の内容をもとに、編集部が編集しました。

座談会　個室と相部屋、西寮と東寮

奈倉道隆＋中尾芳治＋冨岡　勝

◈入寮選考の方法と、いろいろな委員について

冨岡　勝　奈倉先生が入寮された1950年代は、入寮希望者が多くて、倍率が4倍も5倍もあった頃です。入寮の選考は、どうやっていたのですか？

奈倉道隆　私は1956（昭和31）年に入寮しました。入寮希望者は家庭の収入がいくらなのか、所得税の証明をつけて提出する必要がありました。これは有力な選考の資料でした。入寮3年めに、私は総務委員として入寮希望者への面接をしましたが、面接のときに「なぜ入寮を希望するのか、経済的な理由はみな同じだけれど、それ以外に寮生活に望むことはないのか」、というようなことを聞いていましたね。

冨岡　1950年代は、入寮募集のときに、成績は関係していたのですか？

＊この座談会に出てくる西寮は、薬学部構内に1980年代まで存在したかつての西寮を示す。

奈倉　成績は関係していなかったはずです。
冨岡　大学側が、優秀な学生を期待していた、という時代はあったようですね。１９１３年に個室の寮の建物（現棟）ができたのですが、それ以前は旧制第三高等学校の３階建ての寄宿舎を使っていました。そこは４人の相部屋だったようです。なぜ個室にしたのかといえば、「良好な勉学環境をつくりたい」ということで、大学は当初、「成績優秀な学生を優先的に入れたい」という構想を持っていたらしいです。
奈倉　面接は、大学の厚生課長と寮生の総務委員が話し合うことになっていました。中寮、南寮、北寮の委員です。入寮希望者一人ひとりに面接をしました。
中尾芳治　奈倉さんは、選考委員になられたことがあったのですね？
奈倉　総務委員でしたから。
冨岡　１９１８年頃から、寮の総務委員３人と、大学の職

奈倉道隆　1956 年入寮。

中尾芳治　1956 年入寮。

員2人で合同で面接をやって、それぞれ一人一票をもって決めていたらしいですね。

奈倉　資料や面接の結果から、生活の協働性、協調性の有無について話し合いました。「寮のアパート化」を避けたい気持ちはみんなにありました。経済的な事情については総務部と厚生課長とでよく話し合いましたが、寮生同士のあいだでは、寮をたんなる「安アパート」、「住居費のかからない住居」としてみてはいけない、という考えが強調されていました。

冨岡　所得が重要な要件になったけれども、だからといって安さだけを求めて暮らすのではないということですね。

奈倉　厚生課長が、いざとなったら積極的に意見を述べられたのかもしれないけれど、僕らの経験では、寮生の意見を黙って聞いてくれ、それで決まっていきました。決定に厚生課長が関与している形をとりましたが、実質的に厚生課長がイニシアチブをとったり、結果に大きな影響を与えるようなことはなかったですね。僕の、2回くらいの選考委員会の経験ですが。

中尾　それで思い出すのは、寮自治のあり方です。僕らは吉田寮と呼ばれる前、「京大寄宿舎」

冨岡勝　1983年～1989年在寮。

の時代で、南寮、中寮、北寮で構成され、それぞれ総務委員をトップにして、寮生が様々な役割を分担していました。

奈倉　炊事部とか、運動部、衛生部とかね。*

中尾　それらが南・中・北の各寮ごとに総務の下にあり、それぞれの独立性が強かった。寄宿舎全体に関わる問題は、総務やその問題を担当する各寮の委員が相談していた。全体を統率する「委員長」的なものはなかった。

奈倉　なかったね。

中尾　僕は、中寮で3年間を過ごしたので、吉田寮とはイコール中寮というイメージが強くて。もちろん南寮、北寮の宿舎はあるのですが、交流があまりなかったのです。

奈倉　炊事部会議があったり、運動部の会議があってピクニックはどこに行くか、南寮はどこが希望か、中寮はどこが希望か、とかあわせて一緒に行くか、いや別々に行くか、とかね。

中尾　各寮が生活の単位だったのです。文化祭とか運動会とかは合同で、各寮対抗でやったりしましたが、生活の基盤は、やはり各寮単位でした。

奈倉　学年の終わりには希望を出し、空きができます。南寮に誰々が行きたがっているがどうやと言い、ああいいよ、となったら中寮から南寮に移ってもらう、ということはあったね。

中尾　寄宿舎全体というより、生活単位が各寮だったという、そういうイメージですね。だから、

＊炊事部による自炊制については、「人間性を鍛えてくれた自炊制度と寮生活」（89頁～）に詳しい。

「ストーム」[*]をかけるといったら、中寮だった僕たちは南寮と北寮にかける、というやり方でした。寮の外に出て行くことはなかったですね。

◈西寮と東寮

冨岡　1980年代は吉田西寮が存在していて、1・2回生が過ごしました。1950年代に教養部宇治分校にあった宇治寮[**]に雰囲気が近かったのかもしれません。

中尾　僕は1回生の時は宇治寮、2~4回生は京大寄宿舎（現吉田寮）で過ごし、1959年（昭和34）3月に卒業しましたが、吉田西寮はまだありませんでした。

奈倉　学年別で、2回生までが西寮。そこからさらに寮生活を続けたい人が南、北、中寮に。

冨岡　吉田西寮を経て、南・中・北と分かれている吉田東寮へ移っていたのですね。それが、しばらく続いていた。西寮は相部屋で、同じ学年と次の学年とで幅広く交流があったので、3回生になってから南・中・北寮と分かれても顔見知りでした。

奈倉　それも、吉田寮として、西寮とか中寮とかいうのではなく、「吉田寮は一つ」という意識がありました。僕が総務部であった1959（昭和34）年に、西寮が発足しました。事前に、大学の厚生課から、新しい寮ができるので建物の見学に行きましょうという話になった。もともと繊維会社の女工さんの寮だったそうで、「どう使うか、だいぶ改造せんとあかんな」、

＊集団で学生が大騒ぎすること。

＊＊1961（昭和36）年、宇治分校が廃止となり、1・2回生が吉田分校に統合された。

そんな話も寮務掛としました。そのとき寮生は、新しい寮も南・中・北寮と一体の自治寮であるべきだと主張しました。単独で大学が支配するような寮ができたら大変だという意識が僕らにはあったから、自治の伝統を持つ南・北・中と一体として西寮を置いてほしいと強力に言ったのです。大学もそのほうが管理しやすいと思ったのか、じゃあ、そうしましょうということになりました。だから吉田寮には、南・北・中・西と4つの建物があるということでスタートした。その使い方を決めるときに、1、2回生は西寮で、3回生以上が南・中・北に分かれて入るということを大学側に強力に主張して、一体化を実現しました。

◈個室と相部屋、それぞれの魅力

中尾　僕は1955（昭和30）年に文学部に入り、1回生のときに宇治寮で過ごし、2回生から4回生までの3年間を京大寄宿舎で過ごしました。2回生になり、入寮が決まるまで20日間くらい間がある。その間は、下宿せざるを得なかった。窓もない4畳半の行燈《あんどん》部屋で下宿代が1か月1300円でした。それに比べると寮費100円、電気代200円、維持費350円の700円ほどで入れた寮は安かった。

2回生は相部屋、3回生から2階の個室でしたが、孤立はしていなかった。お互いに行き来があり、連帯感をもって寮を運営していく仕事を担っていたし、食堂があり、いわゆる一つ釜の飯を食う仲間でした。

私は文学部で、通常であれば文学部の友達としか付き合わないものです。寮に入ったらいろいろな学部の先輩・後輩がいて、様々な専門分野や価値観に触れることができました。そういう多様な価値観に囲まれて生活していく面白さ、楽しさは大きな魅力で、私の人格形成に大きなプラスになったと感謝しています。

奈倉　僕は中尾さんと一緒に１９５６（昭和31）年に入寮しましたね。大学の入学は１９５４（昭和29）年でしたが、当時の医学部は大学に入ってから、もう一度入学試験があったのです。２年間教養部で勉強をした後、医学部医学科の入試を受け、受かれば医学部医学科本科の学生、落ちたら京大生ではなくなるという厳しい制度でした。

冨岡　そんなしくみだったのですね。

奈倉　だから、必死でした。京大生として生き残るために猛烈な勉強をしなければならないので、寮に入りたいけれどもその間は下宿をしてもっぱら勉強していました。幸い、医学部本科の入試に受かったので、京大生の身分がつながり、吉田寮にも入れました。

中尾　寮に入るときは玄関で必ず上履きに履き替えました。現在のように土足で廊下を歩くようなことはとても考えられなかった。

寮の玄関に全寮生の名札がかけられていました。寮に今いるかいないかや、通信物や親元から仕送りや小包みが届くと名札の上に白い札がかかって知らせる仕組みになっていました。
2回生の時は1年上の法学部の方と相部屋で、真ん中をカーテンで仕切って使っていました。3・4回生では2階の個室で、戸を開けると土間と上がり框があって、一段高く6畳敷になっていました。備品の机・椅子と太いニクロム線の電気火鉢のほかには、電気スタンドと本箱があるぐらいで簡素なものでした。

冨岡　そうだったのですね。

中尾　私は大阪生まれですが、1945（昭和20）年3月の大阪大空襲直後に母の郷里である徳島県南の小さな町に疎開して、6畳と4畳半の小さな家に7人で住んでいました。勉強部屋や個室とは無縁の生活でしたから、寮で個室に入れたのはとてもうれしかったのです。

冨岡　大学に入るまでは、いったい、いつ、どこで勉強をしていたのですか？

中尾　家では縁側の片隅に机を置いてもらいましたが、受験勉強のときは中学校の教室を使わせてもらっていました。ですから私にとって個室に入れることは寮生活の最大の魅力でした。今の学生は子供の頃から個室を与えられているので、逆に大学では寮に入ってみんなでワイワイするのが楽しいという時代に変わっていったのかもしれません。
もちろん私たちの時代も個室に閉じこもるということではなく、寮生同士でいろいろ交流がありました。個室制度が崩れたのはいつごろからなのでしょう？

奈倉　１９５３（昭和28）年４月ですね。それまでは全部が個室でした。なぜそうしたかというと、寄宿舎の需要が高まったために、新しい寮ができるまでのあいだ、大きな部屋は二人部屋にするということにしたのです。

◈崩れていった個室制度

冨岡　１９８０年代は、現棟のほうでは、８畳部屋と10畳部屋は二人部屋でした。

中尾　僕らの時代も、そうでした。二人部屋と個室が併用されていました。

冨岡　同じかたちですね。それ以外の６畳や７畳半は、個室。薬学部の構内にあった吉田西寮は、15畳の部屋と12畳の部屋があって、15畳の部屋は３人か４人。12畳の部屋は２人。そういう運用をしていました。

中尾　僕らは、１９５９年にできた吉田西寮の存在を知らないのです。

冨岡　１９８０年代ごろから、「なるべく寮生一人一人の個別の事情を尊重しあえるかたちにしていくべきだ」という話が出てきました。私が在寮していた１９８５年に、男子だけに入寮を限定する必要がないことを寮生大会で決めました。*

１９８９年からは、大学院生も切実に必要な院生が多いから、入寮対象として拡大されました。大学との争点が落ち着いたころなので、それで存続の見通しが立った吉田寮をどうやっ

*ただし、最近の調査で１９７４年から女子入寮が開始され、１９７７年には女性在寮者が途絶えた事実があったことが明らかにされた。詳しくは、『京都大学新聞』２０２２年９月16日号参照。（冨岡）

て、誰に向かって開いていくのかという議論がさかんだったようです。ちょうど私がいなくなる前後ぐらいからです。1990年代始めには、家族入寮が始まりました。

中尾　大学紛争のときから、大きく変わったというイメージがあります。僕らの時代は入寮資格があるのは男子学部生だけで、留年や大学院進学すると在寮は認められませんでした。

冨岡　留年したときの扱いは、1960年代の終わりから、あいまいになったのだろうと思います。あいまいになったとはいえ、1980年代まで残っていた制度では、再入寮選考を実施していました。事情があって、最短修業年数を超えても在寮したい学生は、あらためて入寮選考を受けるというかたちをとっていました。実際には、寮の自治活動に参加し、経済的に厳しい学生であれば、再入寮選考は合格したものです。

ただ1950年代から60年代前半ぐらいまでの、倍率が4倍、5倍あって、たくさんの入寮希望者を断らなければいけない時代は、「最短修業年数（年限）に限る」というルールは妥当性があったのでしょう。どちらがよいのかは、一概に言えないと思いました。

注：2019年7月14日、京都市にておこなわれた座談会の内容をもとに編集部が作成しました。

吉田寮の風景を描く　スラバ・カロッテ

Slava Carotte　芸術家。1968 年イルクーツク生まれ。モノタイプ、油絵、水彩、コラージュなどを駆使した風景画や肖像画を手がける。

古い建物とともに暮らす
——吉田寮から北京、そしてイルクーツクへ

多田麻美
Tada, Asami

1973年生まれ、1993〜95年まで在寮。京都大学文学部中国語学中国文学科修士課程修了。文筆家、翻訳者。著書に『老北京の胡同』『映画と歩む、新世紀の中国』（以上、晶文社）、『中国 古鎮をめぐり、老街をあるく』『シベリアのビートルズ』（以上、亜紀書房）。

木造の音と香り

自分でも不思議に思うほど、古い建物が好きだ。文学部の1年生だった私が当時、吉田寮を選んだのは、家賃の安さという経済的な理由はもちろんのこと、古い木造の建物が何ともいえない味わいを放っていたからだった。

その後、私は憑りつかれたように古い建物のファンになった。20代後半で日本を離れて北京に17年間住んだのも、その後さらにロシアのイルクーツクに住み始めたのも、街に魅力的な古い建物がたくさんあったことが、動機の大きな部分を占める。

古い建物は、ただその前に佇むだけで、たくさんの物語を語りかけてくる。時を遡る方向

へと空想を導き、懐かしさ、温かさ、好奇心、不気味さ、メランコリーなどのさまざまな感情をほのかに掻き立てる。音を吸い込むほど静かなのに、とてつもなくおしゃべりでもあるという、余韻に富んだ建物の面白さ。それを最初に教えてくれたのが、吉田寮での生活だった。

木造の建物の特徴は、香りと音だ。吉田寮にも独特の香りがあった。年季が入った木の部材の香りはもちろん、床には定期的にワックスを塗っていたから、ワックスの匂いもつねに漂っていた。そこに入り混じっていたのが寮生たちの生活臭や、庭から入ってくる草木の香りだ。

思い出す音には、暴風雨の日に屋根や壁が雨風に打たれる音、人が部屋の中や廊下を歩いたりした時のきしみなどがある。携帯が普及する前に吉田寮に住んでいた人は、放送で呼び出された寮生が、受付の電話機に向かって走っていく時の足音などもよく覚えていることだろう。雨漏りの滴を受けるために置かれた洗面器があちこちで立てた音も今では懐かしい。廊下でのおしゃべりの声や料理の音なども、木造、とくに吉田寮のように長い廊下をもつ建物だと、少し独特の響き方をする。

香りも音も、建物本来の機能にとってはほとんど必要のないもので、現代の暮らしでは存在すら忘れられがちだ。でも、じつはそういう目に見えず、手にも取れないものが、人と建物の間の親密感を育て、人生の記憶に微妙な陰影をつけるのではないだろうか。

四合院のふらりと訪ね合う関係

北京の旧市街には、「胡同《フートン》」と呼ばれる、細い横丁が無数に走っている。そこに並ぶ伝統建築の代表は四合院と呼ばれる、中庭を四つの平屋が囲う形のものだ。骨組みが木材なので、木造建築の一種ではあるが、壁がたいていは土とレンガなので、純粋な木造建築よりだいぶどっしりとしている。

この他にも、北京には中華民国期に建てられた西洋風、または西洋風と中国風が折衷になった純木造の洋館がいくつか残っている。本来は単一の家族のために建てられたこれらの洋館は、新中国の成立後、その多くが複数の世帯によって共有されるようになった。その結果、廊下や玄関、トイレだけでなく、場合によっては台所も共用となり、一つの建物に住む人々の間で、共同体のようなゆるいつながりが生まれた。

この状況は雑居型の四合院も同じで、同じ敷地や建物に住む隣人同士の関係はけっこう近く、井戸端会議で生活に必要な情報を共有したり、子供の世話をしあったり、留守中の動植物の世話を頼んだりと、困った時などに自然に助け合う習慣が根づいた。新中国では夫婦が共働きの家庭が多かったので、隣人らに子供の面倒が見てもらえるということは、とりわけ大きな利点だったようだ。

私自身も雑居型の四合院に長く住んだ経験から、その近所づきあいの親密さは実体験として知っている。近所の子供たちやおばあさんが毎日のようにふらりと訪ねてきて、おしゃべりなどをして帰って行ったし、近所の人に植木の水やりを頼んでおいたら、近所の他の家の人も水やりをしようと張り切ってくれていた、といったことがあった。中国では年越しの時に餃子を食べる習慣があるが、ある年の大晦日などは、右隣の人も左隣の人も茹でたての餃子を運んできてくれたので、一日餃子三昧になった。

こういった人間関係の濃さは、今や中国でもどんどんと希薄になってきているが、それらが消えてゆくまえの最後の月日を自然体で楽しめたのは、吉田寮での生活経験があったことが大きい。閉じこもりすぎず、適度に自分を外に開くことや、必要なときに助け合うことの大切さ。そして、隣人とのたわいもないおしゃべりがいかに日々の暮らしに興を添え、生活上のストレスを和らげるか、といったことは、吉田寮のような環境がなければなかなか身をもって知ることはできない。

トイレも台所も共同のコムナルカ

その後、私はさまざまな理由からロシアの東シベリアの中心都市、イ

写真　中国の四合院（多田麻美撮影）

ルクーツクに拠点を移し、日本との間を行ったり来たりする生活を送っている。かつて、ウラル山脈から極東までの広い範囲における中心都市だったこともあるイルクーツクは、古い街並みがよく残っていることで有名だ。イルクーツクがモスクワやペテルブルグと比べて面白いのは、古い木造住宅がたくさん残っていることだろう。ただ建物が古く、歴史的価値に富んでいるだけでなく、建物によっては軒下や窓枠の装飾などもとても凝っているため、審美的な関心から見ても面白い。

さらに興味深いのは、住宅をめぐる政策や環境をめぐり、ロシアと中国には類似する点が少なくないことだ。

毛沢東の時代、中国は旧ソ連の政策を手本とした。だから中国とソ連の当時の住宅政策が似通っていたのは当然で、その最たるものはソ連で「コムナルカ（Коммуналка）」と呼ばれていた共同住宅だった。

コムナルカとは数世帯で共同の台所やトイレを利用する住宅形式だが、中国では上海などの旧租界地区に多く残る古い洋館、または「筒子楼《トンズロウ》」と呼ばれる多層階の集合住宅などがコムナルカ的に利用された。

もちろん、先述の胡同の雑居型四合院住宅も、トイレはたいてい共用なので、コムナルカ的住居だといえる。かつては中庭の流し場なども共用だったが、さすがに毎日露天で洗い物をするのは不便なので、やがて各世帯が自分の部屋の前にキッチンやシャワーなどを設けることが黙認されるようになった。それらの「やむを得ず」生まれたスペースは、すべてが不法とは限らないものの、立ち退きや売買などで、住宅の面積に応じて補償金や代金が計算される際は、その面積に含まれない。

見直されるコムナルカ

かつてコムナルカ的住宅は、狭苦しい、人間関係が複雑になりやすい、プライバシーがないなどの理由で、ソ連でも中国でも悪評が高かった。とくに中国の筒子楼は、生活には何とか慣れられたとしても、建物があまりにも美的センスに欠けていた。私が訪れた時も、見た目の殺風景さが寒々と印象に残った。

中国でもロシアでも、所有者自身はコムナルカ的住宅に住みたがらず、そのほとんどが賃貸に出され、地方出身の労働者や若い単身者などの住宅になっている、という点は同じだ。だがペテルブルグなどでは近年、ソ連時代から残るコムナルカの価値が、一部の若者たちから見直されつつあり、人とのつながりや交流が生まれ、イベントなども企画、共有できる住居として人気を集めているという。実際、私がモスクワで敬愛する作家、ミハイル・ブルガーコフの故居を訪れた時も、長い廊下の両脇に部屋が連なるコムナルカの構造を見て、住み方によっては新しい形で人がつながり合えるのでは、という潜在的な可能性を感じた。

コムナルカ的住居の見直しは、北京の四合院の雑居生活が中国の若い人の一部、とくにクリエイティブな活動をする人々によって見直され始めていることと、ほぼ同時代に発生していて興味深い。中国でもロシアでも、コムナルカ的住宅はたいてい都市の中心部から近いところにあるため、通勤ラッシュを免れやすい、ということも人気の理由となっている。つまるところ、時代や環境によって多少変化こそすれ、人が暮らしに求めるものはたいして変わらず、たとえ一時的には遠ざかったとしても、結局はかつてと似たような条件に戻ってくる、ということだろう。

古い建物は生きている

そもそも、不足する条件を補足しあいながら暮らすことは、古来、人がずっと続けてきたことだ。思い起こせば、吉田寮での生活も、電話の管理や留学生の日本語学習の手助け、廊下の掃除、庭の草むしりなどは、寮生同士が分担し、助け合いながら行った。走り回るネズミや這いまわる虫の多さ、嵐の日の雨漏りなどの面倒なことは多少あっても、それらを一つ一つ自ら解決していくことで、人の暮らしの原点のようなものを感じ取れた。

今私がイルクーツクで住んでいる家も、木造でこそないがスターリンの時代に日本のシベリア抑留者らによって建てられたものだ。その厚い壁を見るたび、戦後の大変な時期に、どれほどの苦労をして建てられたのだろう、とあれこれ想像を馳せずにはいられない。

抑留者らが工事に手を抜かなかったお陰で、建物自体の丈夫さについては誰もが認めるところだ。だが、水回りや電気、内装などにはしばしば問題が生じ、老いゆく建物の嘆声を聞く思いがする。でも、それらの問題を少しずつ解決しながら、「まだもうちょっと頑張ってね」となだめつつ住み続けていると、建物と人は共存関係にある、ということが肌身で感じられるようになる。

レンガ造りであってもそうなのだから、木を使った建物であればなおさらだ。

今も昔も、きちんと建てられた木造の家の寿命は人の寿命よりずっと長い。「家宅六神」という言葉があるように、古い日本の考え方では、家は神様に守られた生き物のような存在だ。古ければ古いほど生命力が強いという考え方もあるという。

もちろん、これらを迷信だと切り捨てるのは自由だし、私自身も実際に「家宅六神」を祀って崇めているわけではない。だが木材にせよ、土にせよ、建材となるものが自然の恵みであり、しかも暮らしの中で人が日々接する恵みの内、最大の体積をもつ恵みである以上、住む側も時には謙虚になり、古い建物を気遣う文化に思いを馳せてみてもいいのではないか。

めぐりめぐって原点に返る、そんな循環の一つとして。

（２０１９年９月執筆）

木造建築と吉田寮の魅力
——建物が生きている場所をこれからも

細入夏加
Hosoiri, Natsuka

一級建築士。1979年生まれ。2003年、京大工学部建築学科卒業。2005年、京大大学院工学研究科建築学専攻修士課程修了。研究テーマは、伝統木造建築の耐震性能について。2005〜10年、株式会社TIS＆PARTNERS勤務。2010年〜、株式会社鎌倉設計工房勤務。

１９９９年のこと、私は京都大学建築学科に入学と同時に、京大合唱団に入団しました。京大合唱団のサークルＢＯＸの入っていた学生集会所は、吉田寮の隣にあり、今は建て替えられて新しくなりましたが、当時は、木造の素敵な洋館でした。今の吉田寮と同じく、非常に古かったですが。京大合唱団への入団を決めた理由の一つに、この建物が素敵だったから、というのがあります。何十年ものあいだ人々が次々と入れ替わり青春を過ごした場、というのは、建物は古くてもキラキラ輝いていました。

常に音楽にあふれた場でした。様々な学部学科の人、また、他の大学の人とも出会えた場でした。歌って踊って笑って泣いて。感動して。

そのお隣さんだったのが吉田寮。当時の学生集会所は吉田寮とのつながりで計画されていた建物でした。4回生の時に設計課題で吉田寮実測を行いました。建築学科90人の中で、この課題を選んだのは私を含め2人。吉田寮へはそれまでトイレより先に足を踏み入れたことはなかった（京大合唱団のトイレは当時、吉田寮のものを使用していました）のですが、この機会に、足を踏み入れると、長い長い廊下、広い中庭、等、吉田寮もなんて魅力的な建物なのだろうと思いました。階段の手摺は、学生集会所の階段の手摺と同じく、しっかり造形が施されており、丁寧に作られており、時を経てもとても頑丈。木造建築が自然の中に溶け込んで建っている姿は美しいものですが、吉田寮も広い中庭があるため、そのようなたたずまいを見せています。

そして、吉田寮の人とのつながりもできました。初代「補修特別委員会*（略称は補特《ほっとく》C）」の一員になりました。吉田寮のペーパークラフト作成などを行っていました。先日、久しぶりに吉田寮を訪れた際に、その当時作成したペーパークラフトが吉田寮入口に飾られていたので、大変驚きました。

学生時代の楽しい思い出はほとんどが吉田寮エリアにあります。吉田寮エリアは、当時は学生が何にも束縛されず自由に活動している場所でした。吉田寮エリアの建物群は、それを温かく包み込んで見守っていた優しい建物だと思います。

＊吉田寮内に設けられる特別委員会の一つ。

卒業してからは建築設計を職業として現在に至ります。２０１８年9月、「市民と考える吉田寮再生１００年プレゼン&シンポジウム」が京大で行われました。そこで私が提出した、「吉田寮がこれからの１００年も生き続けるための挑戦。」が再生部門で最も票を集めました。

吉田寮エリアは、建物が生きている場所。若い人のエネルギーに満ちた場所。若い人を次々と送り出して、とても素敵に年輪を重ねた建物です。プレゼンに使用した文章を借りれば、「一歩足を踏み入れれば、瞬時に長い積み重なった歴史を肌で感じられる場所」です。

ですので、何事もなかったかのように、修復してずっと住み続け、使い続けられるといいなぁというのが、学生当時から思っていたこと。あれから20年。ずっと建築設計を職業としてきた経験を踏まえ、それは技術的に可能なのではないだろうかという内容をA１用紙１枚にプレゼンしました。

吉田寮の建物は、木造2階建て軸組み工法。西側の入口から共用部は平屋。そのエリアから、RC（鉄筋コンクリート）の防火壁を挟んで東側は居室となり、そこは2階建て。6〜10帖の部屋が20部屋程一列にならび、その北側が廊下という2階建てとなっており、庭を挟んで3棟並ぶ。上から見ると、E字形状の非常にシンプルな平面形状をしています。

大学とはあらゆる分野の研究者が集まっている場所ですが、工学部建築学科に限っても、建築の研究室は、大きく分けて、意匠、構造、環境という3分野に分かれています。意匠は歴史、デザイン、都市計画など、構造はコンクリート、鉄骨、木造などの素材とそれぞれ重力・地震力・風圧力などに対する安全性について、環境は、建物の温熱や音の環境などにさらに細かく分かれています。研究の世界は細分化されていますが、実際に建物を造る実務の世界では、これらすべてに考えを巡らし、造っていくことになります。

吉田寮を研究対象ではなく、建物として何とかしたい

「吉田寮がこれからの100年も生き続けるための挑戦。」では、具体的に1～4の方法を挙げましたが*、大学にはそれぞれの分野に最先端を研究している研究者がいますので、そういう人たちから見ると、おそらく細かい部分の指摘事項は出てくるだろうなと思いました。ただ、このようにたたき台を示せば、そういう研究者の意見も取り入れながら修正を加え、より良いものができていくのではないかと思いました。ですので、受賞時に、「私の提案は、具体的ではありますが、完璧ではありません。たたき台にしていただければ」と申し上げました。

例えば、1の耐震補強で、『2012年改訂版　木造住宅の耐震診断と補強方法』を用いた事例を挙げましたが、私が大学時代の研究室の教授の鈴木祥之先生が、2019年に『伝統的構法のための木造耐震設計法　石場建てを含む木造建築物の耐震設計・耐震補強マニュアル』（学芸出版社）を出版されており、このマニュアルを参照して、吉田寮の耐震補強設計を行うこ

*具体的には、
1　耐震診断を行い、耐震補強を行う際の設計方針
2　部材の劣化を防ぐ対策
3　居住空間の快適性をUPさせる改修
4　居ながら改修
の4つの提案がおこなわれた。

ともできると思います。

吉田寮という建物は、研究対象として捉えると、ずっと研究できてしまう対象のようにも思います。コミュニティという視点での研究や、年月を経た建物としての研究や、広い中庭を持っている環境の建物の研究など、研究テーマはたくさん探せそうです。そして、研究というのはすればするほど、分からないこともどんどん出てきます。

しかし、吉田寮を研究対象ではなく、建物として何とかしたい、と考えた時には、設計の視点が必要です。世の中には、２階建ての木造建物はたくさんあり、１００年を超える文化財級の木造建物もたくさんあり、それらを何とかしてきているのですから、吉田寮も何とかできるはずだ、という思いをプレゼンに込めました。

吉田寮が、もしも全く使われなくなった建物で、それを活性化するための提案を求められているのであれば、異なるプランの提案となることでしょう。しかし、学生が１００年を超えて使い続けてきた建物が今も存在している。このまま使い続けるのがワクワクしませんか。

（２０１９年11月執筆）

吉田寮の建築的な価値
——建築文化財としての修復、保存に向けて

中尾芳治
Nakao, Yoshiharu
元帝塚山学院大学教授。1936 年生まれ。1955 年に京大文学部入学、1956 ～ 59 年まで在寮。京都府埋蔵文化財調査研究センター理事。

「吉田寮は京都帝国大学寄宿舎として1913（大正2）年に建設された。その材料は1889（明治22）年に建設された第三高等中学校寄宿舎を転用したものであり、工法、装飾において、創建時にまでさかのぼりうる箇所も数多くみられる。

吉田寮は現役で使われている最古の学生寮であり、文化史的価値のみならず建築学上も重要な意義を有する存在であり、近代日本歴史的建築資産としてかけがえのない存在である」（日本建築学会近畿支部と建築史学会が2015年に京大に提出した、京都大学吉田寮保存活用に関する要望書より抜粋）

私は学生時代、物心ともに寮で恩恵を受けましたので、寮を大事にしていかねばならないと思っていました。当時、学部の学生は3年間でかならず出て行くことが決まっていました。留年したり、大学院に入ったりしても延長できませんでした。

同じ部屋に固定されて住むのではなく、入ってくる人数により、毎年部屋替えがありました。建物や部屋を大事に使う、という意識をみなもっていました。きちんと片付いている部屋もあれば万年床の部屋もありましたが、部屋を汚したり傷めたりということはありませんでした。一年たって、部屋替えがおこなわれたら、きれいに片付けて出て行く。そういう意味では、寮を大事に使う意識をおのずともっていました。

寮生活がいかに自分たちにとって大きな恩恵であったか、という思いが念頭にありましたから、それを後輩にも伝えていかないといけないという意識がありました。大学と寮の関係は、私が入った頃は比較的穏やかで、あまり問題がなかった時代です。ただ、大学入学した1955年には、いわゆる「瀧川総長暴行事件」が起こり、当時の学生自治会の学生が逮捕されましたが、それ以降は大学ともめることはそんなにありませんでした。

大学を卒業するときには、「予餞会《よせんかい》」という晩餐会が開かれました（次頁の写真）。寮に平澤興総長が来られて、一緒に玄関前で記念写真を撮り、和気藹々とした雰囲気でした。

いまは、寮生と大学との間でそういった良好な関係は失われてしまっているのですが、うまくいっていれば、そんなに対立することはなかったと思うのです。いろいろな経過のもとで、お互いの不信感が積み重なり、現在のような状況になっているのかもしれません。いまの状況は、極めて特異というか、異常事態です。大学の自治そのものが、かつての段階からずいぶん劣化しており、そういうことが、いまの状況を生んでいるのかと思います。

補修への可能性

２００５（平成17）年度京都大学総長裁量経費による助成研究で、旧制第三高等学校並びに京都帝国大学時代の歴史的建造物の現況調査がおこなわれました（研究代表：林哲介、調査：京都大学建築学科西澤研究室）。尾池和夫総長の時代です。石田潤一郎先生、西澤英和先生が調査されました。

報告では「吉田寮のような大規模木造建築を建てることは防火などの点から現在では困難になっており、吉田寮を含む学生施設群が登録文化財に指定され、今後も保存活用されていけるかが重要な課題である」と要約されています（「京都大学学生寄宿舎吉田寮について」（２００６年9月、日本建築学会大会学術講演梗概集）。同じ地区に立つ楽友会館は国の登録有形文

写真　1950年代の予餞会の様子。右端が、京都大学第16代総長の平澤興総長（提供：中尾芳治）

化財に指定されています。

私も、この調査の結果に基づいて、その方向で保存されるべきだと考えています。2013年は、京大寄宿舎ができて満100年の年でした。それに近い2011年に、補修特別委員会（寮内の特別委員会）が吉田寮舎を保存していく基本方針を作られたそうです。私は難波宮跡などの埋蔵文化財の保存運動にかかわってきた経験がありましたので、その委員会の方から、残していくためにはどうしたらいいかと相談を受けたことがあります。その頃は七灯社建築研究所の山根芳洋さんもかかわっておられて、独自に寮の調査をしておられました。寮食堂の保存問題が起こったときに、この山根さんの調査成果が活用され、寮食堂は京大では最古級の建築だということで、壊されないで補修、復元され残ったのです。吉田寮現棟じたいの保存問題は、根本的な課題としてまだ残っています。この築100年を超えて存続している吉田寮を建築文化財としていかに保存していくか、それをどう再生していくかという、その原点に返って論議を深めていくべきだと思っています。

ぐずぐずしてる間に地震が起きて倒壊したら、まず残りません。そうならない今のうちに、早く現状の調査をして、その調査の結果に基づいて保存、修復、再生させるという基本に立ち返っていかないと、今のままで時間を過ごしていたら本当に取り返しのつかない結果になりかねないと危惧しています。

２０１１年の２月９日に「京都大学吉田寮補修特別委員会」が作った「吉田寮舎保全の基本方針」を紹介したいと思います。明確に問題点が指摘されています。

２００９年より京大当局は、吉田寮の寮舎の老朽化を理由に、自治会が望まないいかたちでの新棟の建設および寮の建替えの計画を提示してきている。現在自治会は、「在寮期限」闘争以来の存亡の危機に立たされていると言える。自治会の存続と発展のためには、自治会の活動を痕跡として留め、自治会活動の拠点として機能を果たしている現寮舎を保存し、今後も保持する必要がある。

また建築学的に見ても、吉田寮は補修に値する建物であり、その機能と周辺環境も共に保全されるべきである。吉田寮は今後さらに住み継がれ、使用されるためにも耐震補強も視野に入れた補修がなされるべきである。同時に補修方法の検討の際には、外観・内観に加えられる影響を専門家の意見を取り入れながら詳細に検討し、機能や用途における吉田寮の文化的価値を関係者と一丸となって保全するよう取り組む必要がある。

然るに、敷地内に吉田南木造建築群という美観的、歴史的、文化的にすばらしいものを抱えている当の京都大学当局に木造建築群の保全を認めさせるために、まず具体的な保全に関する計画の方針を提示することが必要である。現在自治会は、建築関係者・専門家の協力を得つつ保全方針の策定に着手しており、これを早急に完了すべく協議を重ねている。自治会は、方針策定しだい、これを自治会側の決定として当局に表示し、当局がこれに則して寮舎及び環境の保全のために必要な処置を施すよう認めさせる所存である。

吉田寮保存問題はまさにこれに尽き、これは今も生きていると思います。この方針のもとに、今後は大学と交渉をしていくべきです。私からは、吉田寮問題を京都大学の学内問題にとどめるのではなく、学外へ発信していく姿勢が大事だと思うし、市民の中にはそれにこたえられる人もたくさんいらっしゃると思います。

京都市民の中にも吉田寮の見学会を通じて、寮に対する理解や、その保存を応援する意向が出てきているように感じます。現在の寮の主要な建物を、「建築文化財」として修復、保存して、それを新しい21世紀の自治寮として再生させようと私は考えているのですが、再生の方法については論議が必要です。吉田寮を「建築文化財」として修復・保存するとともに、新しい自治寮としての住み方を考えていくべきだと思うのです。

注：2019年7月14日、京都市にておこなわれた座談会をもとに編集部が作成しました。

寮食堂が燃えた日

伊藤江利子

寮内に火災報知器のベルが鳴り響く。24時間365日誰かしらがいる受付から、ただちに放送がかかる。

「中寮1階、中寮1階」。

マイクがぱたぱたと駆け寄る足音を拾い、声の主が変わる。

「すみません、サンマです」。

寮の火災報知器はよほど鋭敏だったのかサンマの煙に限らず誤報も数限りなくあった。だから私はその時マイクに向かって叫んだのだった。

「ほんとに火事です！　みんな起きて‼」

1996年10月31日、未明の時間になぜ自分が起きて受付にいたのか、さらには何をもって火事と認知したのかも覚えていない。なんだかとても明るかった気がする（寮外生Hによれば寮食堂の西にあったサークルボックスから高々と炎が上がる様が玄関の内側からも確認できたそうだ）。覚えているのはハルピンから来た留学生のCさんをたたき起こし中国語で放送をかけてもらったことだ。当時既に大勢の留学生が寮に住んでおり、大多数は中国語話者だった。流暢な日本語で「餃子は豚肉と冬瓜の餡が美味しいです」と教えてくれた温厚なCさんが早口でマイクに向かう姿に、このひとほんとに中国語話せるんだ……とぼんやり思っていた。

出火元は寮食堂の西にあった京大オケ（京都大学交響楽団）と舞踏研究会が入っていたサークルボックスで、その火が隣接する厨房奥と洗濯場に燃え移ったのだった。そのときの寮生、寮外生の働きは胸を張れるものだったと思う。寮生はたとえ泥酔していても可能なほど消火器の取り回しに熟練していたし、食堂前の消火栓からホースを接続しての放水作業も防災訓練の通りに実行したし、寮内の廊下に点々と置かれた防火用水のバケツを集めてのバケツリレーもおこなった。当時は食堂南側の屋根付き駐輪場に何台もバイクがあった。ガソリンに引火すると危険だと誰かが指摘し、南寮の廊下を通って裏の駐車場までバイクを退避させたりもした。持ち主が不在で鍵がかかったままのバイクを引きずって運ぶのはひどく重かった。ただ結局のところ、寮を全焼から守ったのは消防隊の強力な放水と厨房の西側に設置された防火壁だった。寮生がつないだ消火ホースからの放水は屋根まで届かず全くの役立たずだったとのことだ。

イラスト　しじょう

　この火事で厨房奥と洗濯場と呼ばれていたスペースが全焼した。洗濯場にあった2つのシャワー室（通称、月とスッポン）や二層式洗濯機における効果的な溜めすすぎを解説した吉田寮せっけん部の貼り紙、水シャワーと呼ばれた単なる水道と目隠し用のついたてなど、寮での日々の生活に密着していたよもやまも燃えた。火事の影響はこと自分に関してはこの洗濯場の焼失が大きく、再建されるまで京大総合体育館内のシャワーなどを行脚してしのいでいた。厨房奥には音楽活動をする人の荷物があってこれらも燃えたはずだ。オケ部員だった寮生は全焼したサークルボックスから自分のチェロの燃え残りである融け焦げた糸巻きを持ち帰り「お骨」と称していた。

あれから、寮生と集まるごとに私は「あの火事ではいちはやく延焼防止の陣頭指揮を取った寮生Kが株を上げ、いちはやくファミコン部屋の資産を避難させようとした寮外生Hが株を下げまくったんだ」と小噺のように語り続けていた。今回、本人に確認したらどちらも全然違っていて、高々20年前のことなのに史実継承の難しさを実感した。

Kがおこなったのはトラメガを持っての逃げ遅れ確認と消火ホースの指揮だったし、Hが持ち出したのは寮生に貸していた私物のラップトップとファミコン部屋から非売品の貴重なCD-ROM1枚だった。「初代ときめきメモリアルの体験版が収録されていた、と言えばわかる人にはわかります」とHが言うので、20年分の名誉毀損の詫びとしてここに記す次第である。

当時は毎日日記を書いていたから読み返したところ「寮食で火事、疲れた」しか記載がなくて天を仰いだ。自分たちがこよなく大事にしているものを自分たちの力では守りきれないという現実を突きつけられ、かといってその虚しさ悔しさを見据える心の強さもなく、泥のような疲れに総括をすり替えてそのまま目をつぶった、しょぼい自分に再会したのだった。

サークルボックスと厨房奥の跡地はその後「焼け跡」という空間になった。酒場ができ、防火壁に絵が描かれ、やぐらが立って、ドラム缶風呂などもあった。屋根のない自治空間の存在は吉田寮の時間のなかでも稀有だったのではないかと思う。「焼け跡」を生み出し、寮の新棟が建つまでの長い期間「焼け跡」を形作ってきた多くの寮生、寮外生に最大限のリスペクトをここに表したい。

いとう・えりこ　1992年7月～1998年3月まで在寮。京都大学農学部入学、理学研究科卒業。国立研究開発法人職員。

寮食堂と厨房の位置づけを考える

――吉田寮の解放と多様性の獲得

小林拓也
Kobayashi, Takuya

1978 年生まれ。1998 ～ 2004 年在寮。会社員。沖縄県名護市在住。

私が吉田寮に在寮していた１９９８年から２００４年は、寮食堂イベントのまさに爛熟期とでもいうべき時期だった。寮食堂ホールでは毎週のように演劇、ライブ、ＤＪイベントといった大小様々なイベントが開催されていた。特に音楽に関しては吉田寮食堂はロックの聖地・西部講堂や拾得《じっとく》（上京区／ライブハウス）、磔磔《たくたく》（下京区／同）と並ぶ京都インディーズ音楽シーンの最重要スポットの一つとみなされるまでになっていた。

演劇やライブといった文化活動に全く縁がなかった私にとって、自分が住んでいる寮の一角で観る個性豊かな、時にとてもアバンギャルドな催し物は何もかもが新鮮で衝撃的で、私は入寮以来足しげく寮食堂のイベントに通うことになる。特に当時半年に一度のペースで開催されていた大規模ライブは圧巻で、夜を徹してありとあらゆるジャンルのバンドによってパフォーマンスが繰り広げられていた。全身白塗りで踊るダンサーやドラァグクイーンと呼ばれる人たちを初めて見た。スペイシーな電子音楽に合わせて踊り狂う、全裸にアルミホイルぐるぐる巻きのパフォーマー。ステージ上で火を吹くヴォーカリスト。空手の演舞と演奏が一体化したバンド。後に世界的アニメスタジオの作品の主題歌を歌うことになる歌うたい。とにかく音がでかいバンド。流血するオーディエンス。度肝を抜かれた。爆発的混沌ともいうべき空間だった。

一歩食堂を外に出ると、「焼け跡」ではライブの喧噪とは対照的な、自由にのんびりとした空間が広がっていた。自作のアート作品を披露する人、ハーブティーを淹れて振る舞う人、占いに興じる人たち、似顔絵を描く人、アコースティック楽器でセッションする人々……などなど思い思いのスタイルでこの場所を作り楽しんでいる人たちで溢れていた。

効率的に利潤を追求せざるを得ないハコ貸しの商業施設は、どうしても時間的・空間的制約が大きくなる。何かイベントを打つにしても、必要十分なインフラがコンパクトにパッケージ化された有り物の中に放り込まれて「ハイどうぞ」という形にならざるを得ない。施設の利用方法や禁止事項などの細かなルールでがんじがらめにされ、逸脱すると下手をすれば金銭的な補償を求められることもある。他方、自治自主管理空間を標榜する吉田寮食堂では、少々面倒な手順を踏む必要はあるものの、当事者間での話し合いで利害を調整し、相互理解を担保しつつ一から空間を作り上げていくことが可能なのだ。

私は寮生でもあったので、吉田寮を形成する一員としてのアイデンティティと、この祝祭空間が地続きであることがとても心地よかった。イベントをただ消費するのではなく、吉田寮・寮食堂という空間形成に主体的に関わっている実感を得ながらその場の果実を享受できたことは何物にも代えがたい体験だった。

そんなこんなで私はすっかり寮食堂という空間の魅力にとりつかれてしまったのだった。

多様性の象徴的存在として

私は寮食堂のステージに憧れ、いつしか自らもバンドを組み、寮食堂に隣接する厨房と呼ばれる音楽スペースで練習に明け暮れるようになった。寮を出てからも、厨房使用者としてこの空間を利用するとともに、継続的に運営に関わった。

吉田寮食堂と厨房。

経済的合理性や生産性とは全く相容れないこれらの空間は、吉田寮が1980年代のいわゆる「在寮期限」以降獲得してきた多様性の象徴的存在である。

時系列をたどれば、吉田寮の多様化は在寮期限以降に一気に開花したことが見て取れる。在寮期限問題から3年後の1985年、1970年代後半以来途絶えて久しかった女子学部学生の受け入れが改めて再開された*ことを皮切りに、以降大学院生、研究生、聴講生、科目等履修生へと、さらに介護者や配偶者など入寮資格者との「切実な同居の必要性を吉田寮自治会が認めた者」へと門戸が開かれていった。一方、1986年に在寮期限の影響で寮食堂の出食機能が失われて以降、空きスペースとなった食堂ホールはイベントホールとして、厨房はバンドの練習場として活用されることとなった。

元はといえば京都大学という権威的勢力の中にあって、さらにそのマジョリティである男子学生のみが特権的に利用できる空間であった吉田寮。在寮期限という未曾有の危機に直面し、吉田寮はその存在意義を根本から問い直すこととなったのである。

画一的で一様な運動体は脆弱だ。

特権的エリートが独占的に利用する空間であり続けることを選択していたならば、吉田寮は在寮期限を乗り切ることはできなかったであろう。「一部の限られた学生が広大な敷地を占有している」状況は「学内外の世論の理解が得られない」として、当局からすれば恰好の攻撃材料となり得るのだ。

入寮資格を極限まで拡大する。寮食堂と厨房を外部に開放し文化・芸術拠点として活用していく。こういった吉田寮の再定義と解放は、寮自治会による施しやパトロネージではない。むしろ、吉田寮の生存戦略として必要に迫られて選択されたものなのだ。**

＊1972年のいわゆる「女子寮ストーム問題」への総括を契機として1974年に女子学部学生に入寮資格を拡大、その後実際に数名の女子寮生の受け入れが実現していた。しかしながらその機運は持続せず、あまつさえ男子寮に回帰するかのような動きの中で入寮資格拡大は形骸化、女子寮生受け入れは1977年以降長らく途絶えていた。その後の本格的な女子寮生受け入れ再開は1985年となる。一連の経緯に関しては京都大学新聞「吉田寮百年物語（最終回）《コラム2》入寮枠の性別要件をめぐる歴史」が詳しい。（小林）

廃寮化攻撃に対抗するためには一人でも多くの当事者を生み出さなければならない。その文脈の中で、これまで一部の特権的エリートに独占されていた資産が次々と解放されていった。吉田寮を解放し共有化することによって、限定的当事者による局所的な運動から、より実効性があり厚みのある大衆運動へと転化した。

寮生のみで展開できる運動には限界がある。当事者として共に立ち上がり、声を上げる仲間は一人でも多くいた方がいい。吉田寮が危機に瀕したとき、「支援」「応援」という立場をはるかに超えて、吉田寮の存続を自分ごととして願い行動する仲間がどうしても必要なのだ。そして何より、多種多様な人々が分け隔てなく集うことはそれ自体がとてつもなく楽しいことだ。

こういった認識のもと、食堂利用者や厨房使用者は自治空間の構成員として迎え入れられ、互いが対等な存在として尊重される。お客様ではないので利用料を納める必要はない。頭ごなしにルールを押し付けられることもない。その代わり、食堂や厨房はもちろんのこと、吉田寮全体に関係する様々な課題に主体的に取り組むことが求められる。食堂利用者は毎月開催される食堂使用者会議に、厨房使用者は厨房使用者会議に出席し、自治自主管理の原則にのっとり主体的に空間を定義し、合意を形成し、運営していく。大学当局との団体交渉にも当事者として参加する。

このようにして、吉田寮の運動は在寮期限以前とは比較にならないほどの広がりと多様性

＊＊第一次在寮期限以降の急速な多様性の開花の背景には、自らの存在を問い直し権力性や排他性を解体していこうという自律的かつ内発的な動機のほかに、廃寮化攻撃に対抗するための人垣として一人でも多くの寮生を確保する必要に迫られ、むしろ外圧によってやむにやまれず吉田寮の解放が実現された側面も大いにあったとの指摘がある。我々の世代に広く根付いていた「多様化の実現によって廃寮化攻撃を跳ね返し、吉田寮存続を勝ち取った第一次在期世代」とのステレオタイプが、多分にマッチョなヒロイズムに起因している可能性があることも指摘しておかねばならない。(小林)

を手に入れてきたのである。

もちろん、全てが順風満帆に進んだ訳ではない。

寮食堂でのイベントは、必ずしも全ての寮生に歓迎されたわけではなかった。イベントによっては音量があまりに大きかったり、吉田寮が生活空間であることに対する理解が不十分な来訪者が多かったりと、物議を醸すものもあった。音楽やライブイベントに一定の理解がある寮生はさておき、静かに暮らしている多くの寮生にとっては、生活空間のすぐ隣で昼夜関係なく開催される寮食堂イベントへの負担感はかなりのものがあっただろう。

また、寮食堂や厨房が文化・芸術拠点として急激に知名度を高めたことによる様々な問題も発生した。

厨房使用者のつながりは、当初は寮生、あるいは寮生の知り合いといった顔の見える関係性の中で完結していた。しかしながら食堂イベントを通じて厨房を知った人たちが、知り合いの知り合い、またその知り合い……という形で次々と厨房使用者に加わることになった。

その結果、厨房使用者が爆発的に増加する。私が参加していた2000年前後の厨房使用者会議は毎回のように新しい使用希望者が訪れる活況ぶりで、会議の参加者が厨房を埋め尽くすほどであった。一方、構成員が増えれば増えるほど、自治に関する意識の濃淡が大きくなっていく。雑務が一部の使用者に偏るようになる。公共空間につきもののフリーライド問題に、厨房もまた直面することになったのだ。この問題はついには、フリーライドを指摘する使用者とそれを理解できない使用者間での直接の暴力事件として爆発するという事態にまで発展した。事態を重く受け止めた厨房使用者は、まさに身を引き裂かれる思いで厨房使用の停止を決定。その後、「厨房を自治空間として解放していくにあたって必要なことは何なのか」、そして「誰もが抑圧を感じず自分が自分らしくいられる空間とは何なのか」といった根本的な問い直しと再定義のための話し合い半年間以上を経て、新規参加者に対するオリエンテーションの導入とともに厨房利用が再開されることになる。

こういった様々な問題を抱えながらも、それでもなおぎりぎりの話し合いや衝突、妥協を重ねながら寮食堂や厨房が解放され続けられたのは、安易な排除や介入、閉鎖性が運動体の弱体化に直結することを寮生が理解していたからだ。こと吉田寮の解放に関しては、みな徹底的にストイックだった。より多様な人々を受け入れる空間であり続けることこそが吉田寮存続の道であるということは、一貫して広く認識されていたように思う。

沖縄へ

以上が私の知る限りの吉田寮食堂と、厨房である。

寮を離れてからずいぶん経つ。いま私は沖縄で、会社員をしながら大衆運動に関わっている。

様々な運動の現場で感じるのは、多様性は運動を強くするということだ。そして、排除は連鎖し、あっという間に運動を崩壊させるということだ。

沖縄は戦後長らく、保守・革新の二大勢力に分断されてきた。権力者も、むしろ積極的にその分断に加担するような政策を沖縄に押し付けてきた。分断して統治せよ、である。県民が相争い反目し合うことで喜ぶのは権力者なのだ。

その構造を鋭く批判し、ウチナーンチュ(沖縄人、琉球人)の自己決定権を軸に保革合同の政治潮流を結実させた、翁長雄志知事の「オール沖縄」。その後を受け継ぐ、自身ウチナーンチュと米兵のミックスルーツでもある玉城デニー知事が訴えた、「誰一人取り残さない政治」。いずれも、排除や対立・独占の論理ではなく、多様性と包摂が発想の出発点にある。

沖縄の大衆運動と、吉田寮の自治自主管理。私は沖縄の大衆運動に吉田寮の自治を見出すとともに、吉田寮の自治に沖縄の大衆運動を見出す。沖縄と京都。遠く離れた二つの運動が、自己決定と多様性、包摂というキーワードで繋がっている。

琉球・沖縄の自己決定権は、常にその時どきの権力者からの直接的な圧力に晒され、脅かされてきた。

いま沖縄にとっての差し迫った脅威は、日本政府による南西諸島全体の軍事要塞化だ。日本政府は再び沖縄を戦場にするための準備を着々と進めている。島々にミサイルを並べ、次々と基地を拡張し、機能を強化している。

「ありったけの地獄を集めた」とも形容される沖縄戦の教訓は、「基地がある場所が狙われる」「軍隊は住民を守らない」というものだ。ウチナーンチュは、基地や軍事力で平和を作れないことを経験的に知っている。多くのウチナーンチュが基地や軍隊を歓迎しない理由はここにある。

一方で、日本政府が最も恐れるのは、基地を追い出そうとするウチナーンチュの団結だ。心を一つにしてまとまった沖縄の人々の力を権力者は甘く見ていない。だからこそ日本政府は執拗に、桁違いの強権と金でもって人々の連帯を切り崩し、暴力的に排除し、コミュニティを破壊し、扱いの差を付けることで人々の対立を煽り反目させてきた。選挙のたびにカネをばらまき、恫喝し、市町村の首長を次々と政府言いなりの人物にすげ替えてきた。

この光景が、今の吉田寮とも重なって見える。私が吉田寮にいた頃に経験した、山形大学学寮や東京大学駒場寮への廃寮化攻撃の手口とも見事な相似形だ。恐らくこれが、民衆の口を塞ぎ支配しようとする権力者の常套手段であり、最も効率的な方程式なのだろう。

沖縄の自己決定権は危機的状況だ。自己決定権が蔑ろにされ続ける構造を打ち破り、沖縄の自治を沖縄に返さなければならない。私はこの沖縄で、遠き故郷京都に吉田寮を案じつつ、「自分のことは自分で決める」ために何ができるかを考える。私はここで生きていく。

（２０２４年３月）

初心者にオススメ!

ニャンキャ流

タテカンの描きかた

1 紙に下絵を描く

ベニヤ板を何枚使うか決め、全体のイメージを固める。
文字だけなど、一発描きする場合は不要だが、最初のうちは下描きをオススメするぞ!

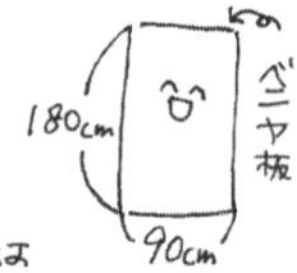

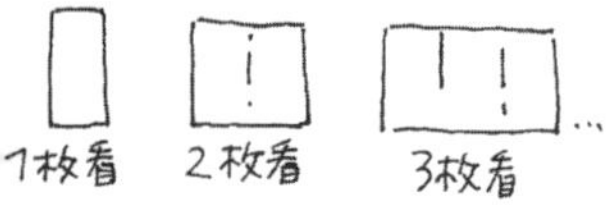

大きいのだと16枚看や32枚看とかまである!

2 ベニヤ板と画材を準備する

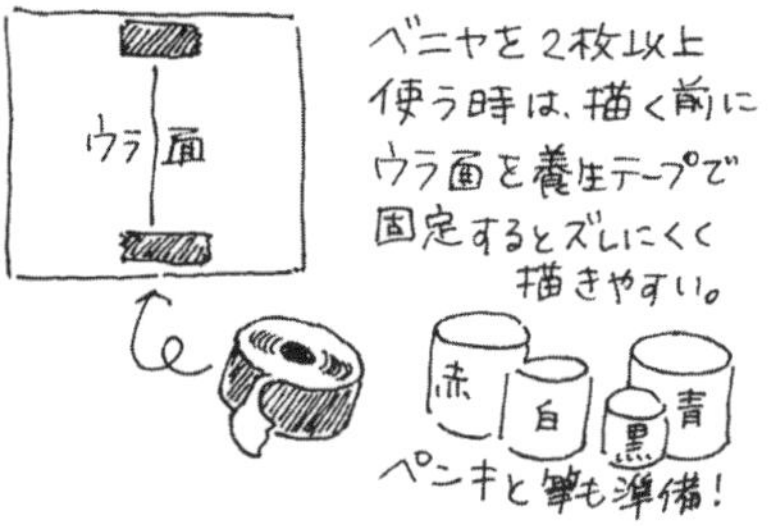

ベニヤを2枚以上使う時は、描く前にウラ面を養生テープで固定するとズレにくく描きやすい。

3 下塗り&下描き

下塗りはローラーを使うと楽でキレイ。

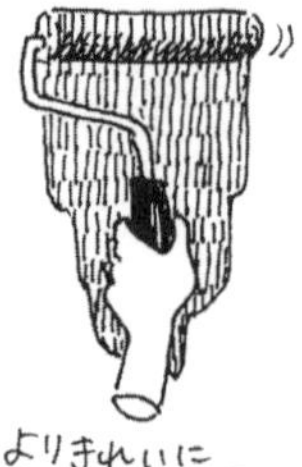

よりきれいに仕上げたい時は二度塗りしよう!

下描きはチョークでゴリゴリ描く。
プロジェクターで下絵を映してなぞるという裏ワザもあるぞ!

4 絵や文字をかく

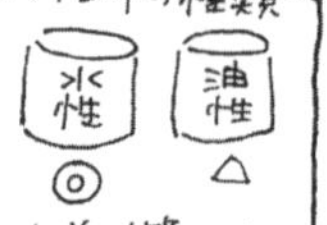

水道で筆などを洗い流せるという点で、ペンキは"水性"が圧倒的オススメ!!

ペンキは一度乾いて固まると二度と落ちなくなってしまうので、作業を中断する際は筆を水につけておこう。

少しずつ色を混ぜたい時は割りばしが便利✌

最重要 汚れても良い服装でペンキ作業に挑む

5 枠をつける

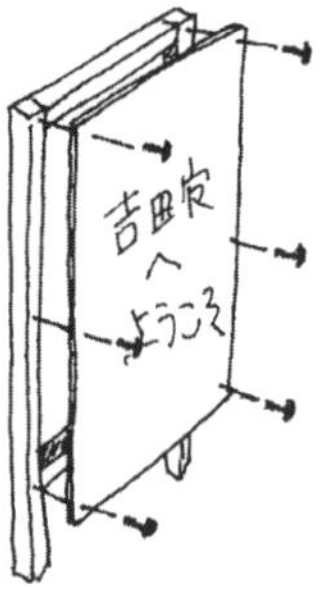

角材を良い長さに切り、ビスで止める

最初に枠をつけて立ててからタテカンを描くスタイルもある。
自分のやりやすい描き方を見つけよう!

6 東大路通沿いの歩道に立てる

風でたおれないように、上部は木の枝にヒモで固定

下はブロックで固定して完成!

by 匿名ニャンキャット

自治寮とシェアハウス

pha（ファ）
1978年生まれ。作家。著書に『どこでもいいからどこかへ行きたい』『しないことリスト』『夜のこと』『人生の土台となる読書』『おやすみ短歌』など多数。

僕は今東京に住んでいるのだけど、半年に一度くらいは京都に行って、そのたびに吉田寮に遊びに行っている。

吉田寮食堂では無料ライブなどたくさんのイベントをやっていて、そこに行くとたくさんの知り合いに会えるからだ。僕が大学を卒業してからもう15年以上経つけれど、大学時代の知り合いでずっと京大の近くに住み続けている人は結構いて、吉田寮食堂に来るとそういう人たちに会えるのがうれしい。

吉田寮に来るたびに、よい空間だな、と思う。現役の寮生もいるし、卒業生もいるし、近所の人もいる。大人たちが音楽を楽しみながらお酒を飲んでいる横で、小さい子供が走り回っていたり、小学生が現役の寮生に宿題を見てもらったりもしている。こんな風にいろんな人が敷居なく集まれる場所は、あまり他にないな、と思う。この場所がなくなったらこの雰囲気もすべて失われてしまうのだろうか。

僕は大学時代にずっと京大の熊野寮*に住んでいて、吉田寮にも友達が多かったのでよく遊びに来ていた。

大学では、あまり授業で学んだことは多くなかったけれど、寮からはたくさんのことを学んだ。寮に入らなかったら自分の人生は大きく変わっていただろう。今よりももっと普通に会社勤めなどをしていたかもしれない。

少し社会の標準から外れているような、変な人間が変なままでいられる空気が寮にはあった。それぞれが好きなことを好きなようにやりつつ、全体として一定の秩序を保っている自由な空間だったと思う。あの自治寮の空気というのは他では実現し難いものだし、それが少しずつ失われていきそうなことには、とても寂しさを感じる。

大学がそんなに自治寮が要らないって言うのなら、もうええわ、同じような面白いものをなんとかして民間でやったらええやないか、と思ったりもする。

社会の中での大学の権威や存在感も昔より減っていると思うし、金銭的にも余裕がなさそ

＊1965年に設立された。

ろうか。

うだ。窮屈になってしまった大学に期待するのはやめて、なんとかＤＩＹでできないものだ

寮からシェアハウスへ

僕は東京で「ギークハウス」という名のシェアハウスを10年以上やっていたのだけど、シェアハウスを始めた理由は、自治寮みたいな面白い空間をもう一回やりたい、というものだった。

しかし、自分がシェアハウスをやってみて、また他のいろんなシェアハウスを見て思ったことは、なかなか寮と同じようなものを作るのは難しい、ということだった。

まず、規模の問題。個人でシェアハウスをやる場合、あまり大きい物件を確保するのは難しいので、せいぜい5～10人が住めるくらいの広さになる。大学寮のように何十人～何百人が住むという空間を作るのは難しいし、そもそもそんな大型の物件があまり存在しない。

人数が少ないと、属人性、つまり空間の雰囲気が一人一人のメンバーによって左右される度合いが高くなる。いい雰囲気の人が多ければいい雰囲気になるけれど、悪い雰囲気の人が一人いるとそれで全体がギクシャクしたりする。

寮だったらたくさん人数がいるので何か問題が起こっても大勢で協力して対応できるけれど、少人数のシェアハウスだと一部の人間にかかる負担が大きくなってしまう。

また、家賃の問題。大学寮のように安い家賃で広大な土地を借りるというのは難しいので、シェアハウスだとどうしても家賃が高くなってしまう。

家賃が高くなると生活に困っている人は住みにくくなる。それでも家賃を下げようとすると、二段ベッドなどで狭い空間に人を詰め込むしかないし、狭い空間に人を詰め込むと、ストレスが溜まってトラブルが起きやすくなる。

自治寮だと食堂のように広いスペースがあって、そこに住民が集まることで交流したり一体感を育むことができたけれど、シェアハウスを運営する場合、そんな空間を確保するのは大変だ。大きな部屋があっても、共有の空間にするよりも、ここにもう一人か二人住ませて運営を楽にしたい、ということを考えてしまう。

シェアハウスだと、あまり家賃を安くしすぎると、問題を抱えていてトラブルを起こしやすい人が入ってきやすいという問題もある。そうした人をサポートする場所も社会には必要だけど、結構な労力がかかるので誰もができるものではない。家賃を高くすることで問題のある人をフィルタリングする、という方向に行くシェアハウス運営者が多い。大学の寮だと入居者はみんな大学生であるというフィルタリングが最初からされた状態なので楽な部分はあったと思う。

住んでいるのが学生ばかりだと、毎年新入生が入ってきて卒業生が出ていくことで、自然と新陳代謝が行われるというのもよかったと思う。シェアハウスだと、そうした入れ替わりの契機がないため、住む人は何年もずっと住み続けてメンバーが固定化されてしまったりする。若者は身軽に引っ越しができるしどこに住んでもまあなんとかなるものだけど、中年になるにつれて引っ越すのが億劫になって動きにくくなるというのもあるだろう。全体の人数が少ない上にメンバーが入れ替わらないと、家の雰囲気がちょっとよどんだ感じになってしまう。

学生ばかりの寮だと、比較的みんな時間があるので寮の自治活動に割く時間もあるけれど、働いている社会人ばかりのシェアハウスだとそんな余裕がなくて、夜疲れて帰ってきて寝るだけになってしまい、運営に関わる余裕がないという問題もある。

そんな風に自分でシェアハウスの運営に関わってみると、大学の自治寮の良い雰囲気というのは、いろんな要素の際どいバランスでなんとか成り立っていたものだったんだな、ということに気付かされた。

シェアハウスで自治寮のような空間を作るのはなかなか難しい、という点をたくさん挙げてきたけれど、一番難しいのは「自治精神を持つ」というところかもしれない。いろいろ問題があっても、みんなが「自分たちの空間のことは自分たちで話し合って決める」という自治精神を強く持っていれば、乗り越えられるものだと思う。

しかし、自治の大切さというのは、自治寮の雰囲気を知っている人は体感としてよくわかっているものだけど、一度もそういった空間を見たことのない人にとっては、面倒臭くてややこしいだけのものに見えるのかもしれない。自分は住みたいだけなので、お金は払うから面倒臭いことは運営の人がやってくれ、という気持ちの人もよくいる。

確かに自分たちで決めたり議論をしたりするのは面倒臭い。日々の生活に追われているとそうしたことを考えている余裕がなくなってしまうというのもあるだろう。でも、小さなコミュニティの自治に関わることは、誰にとっても得るものがある良い経験だと思うのだ。

社会学者の久保田裕之は、シェアハウスについて考察した書籍『他人と暮らす若者たち』（集英社新書、２００９年）の中でこんな風に語る。

私達が身近で小規模な民主主義と向き合うことは、より複雑で大規模な民主主義を育むことにもつながっている。

地方自治のことを、自分たちの生活に身近な事柄を自分たちが主役となって議論し、妥協し合いながら動かしていく訓練の場という意味を込めて、「民主主義の小学校」と呼ぶことがある。しかし、自分たちの生活にもっとずっと身近な空間で、利害の異なる他人と、思いを伝え、議論し、妥協し合いながら、力を合わせて決して一人では行うことのできないことを行い得る場がある。それは、私たちの住まいに他ならない。この場をこそ「民主主義の小学校」と呼ぶべきではないだろうか。

自治寮は、こうした「民主主義の小学校」の典型的な例だと思う。面倒臭いけれど誰かに任せっきりにするのではなく、自分の思うところを口に出して言い、議論したり妥協したりしながら、自分たちのことを自分たちで決めていく。それはこの社会を支える民主主義の基本となるものだ。

自治寮において受け継がれてきたこうした自治精神の土壌が、自治寮を経験した人間によってさまざまな場所に拡散していき、これまでもこれからも、社会に良い影響を与えていく、と僕は思っている。

（2019年7月執筆）

初期の女子寮生として

伊藤朱美

はじめ、吉田寮は男子寮だと思っていた。しかし、受験日当日、吉田寮のビラを貰い、配っている寮生に聞くと、女子の募集もしているとのことで、見学に行った。

古い木造のたたずまいが趣深く、案内の男子学生も髪が超長かったりして、「ここはいつの時代なんだ？」というような感想を抱いた。寮費も安かった。

女子寮も見学に行ったが、部屋が狭いのと、吉田寮の方が面白そうだったので、吉田寮にした。入寮すると、私は女子寮生の2期生だった。

寮生活はなかなか楽しかった。よく寮では「反差別・反抑圧」と言われていた。

その頃、上野千鶴子などが活躍していて、フェミニズムの洗礼を受けた。

当時、舎友室だったか旧印刷室だったか、壁に、皇族の女性を性的に揶揄する落書きがされた。それに対して、かなり猛烈に怒って寮内で問題にしたことがあった。反天皇の気運の高まっている時期だったとは思うが、それとこれは違うだろうと思った。女であることを馬鹿にされた気持ちだった。

冬には釜ヶ崎の越冬闘争にも何度か参加した。寮の主催ではなかったが、寮では毎年募集があった。そのとき、釜のおっちゃんに胸を触られるというようなことがあり、抗議したことがある。

その過程で、私が、何か差別的な事を言ったとかで、逆に反省文を書かされることがあったような記憶がある。

それ以来、越冬闘争には行っていないが、そんなことがなければ、今も続けていただろうか？　越冬闘争はわりと好きな活動だった。

そういう嫌な思い出も、今現

在の私の問題意識に残っていて、あのときどうすれば良かったのか、今ならどう言うだろうか、などと考える。

寮生のときに子供ができた。寮生の出産は初めてであったが産むことにした。

子育て中は、寮生や若井さん（16頁参照）に迷惑をかけ通しだった。寮生は子供とよく遊んでくれた。

他にも留学生の連れてきた子供とか、男子寮生の家族の子供もいた。

子供が小学1年生のときだったか、家庭訪問があった。先生は短大を出たばかりの若い女性で、受付で男子寮生に囲まれたりしていた。さぞびっくりしただろうと思う。

学費だけは親に払ってもらったが、生活費は塾講師や家庭教師のアルバイトでまかなえた。奨学金を金利なしで借りることができた。

転学部したのは、もともと建築家になりたかったわけではなくて、昔から文学や哲学への憧れがあったためだ。実学を学ぶことしか許してくれなかった親への反発もあった。自分は語学は得意だと思っていた事もあった。実際は、全然太刀打ちできないくらい、周りの人の方が語学ができたし、優秀だった。しかし、何とか卒業できた。

貧しい家庭に育って、子供を育てながら大学を卒業できたのは吉田寮のおかげだと思う。また、社会に対する考え方・物の見方の基礎も主に寮生活で学んだと言っていいと思う。

大学を卒業して何か役にたったかと言われると、別に何もないのかもしれないが、学問の世界に触れた事は私にとって大きな糧である。

吉田寮で生活したことは、私の生き方の基礎になっている。

> いとう・しゅみ　1986年、京大工学部建築学科に入学とともに入寮。1990年、文学部文学科西洋古典文学研究室に転学部。1997年卒業とともに卒寮。郵便局非正規雇用社員。

座談会

ノーベル賞の益川敏英先生から、吉田寮生へのメッセージ

――「1996年益川団交」の思い出を語る！*

福島直樹（吉田寮生）** 吉田寮の文化部室を整理したら、昔のビデオが出てきたのです。これは、1996年の京都大学側との団体交渉（以下、団交）のときに撮影されたビデオです。そのとき学生部長として出てこられたのが、益川先生でした。

益川先生にサインをいただいた確約書も出てきました。

安田剛志（吉田寮卒寮生、会社役員） この映像のとき、僕は2回生で、自分にとって初めての団交でした。僕は中学校のときから益川先生の本を拝読していました。大検をとって京大の理学部に入り、同時に吉田寮に入寮したのが、1995年のことです。

吉田寮自治会と京都大学との間で、頻繁に団交がもたれていました。当時は、大学の学生部長が学生の窓口になっていました。そのとき、学生部長をつとめられていたのが益川先生だったのです。ちょうど今日のインタビューくらいの距離で、憧れの益川先生に「おかしいじゃないですか！」と真剣に詰め寄りながら、内心「あれ、俺何してるんだろ？」と（笑）。

益川先生には、その交渉ですごくよい確約をいただいて、火災で焼失したシャワー室を建

*益川敏英先生は、1995年から96年にかけ、京都大学学生部長として吉田寮生との団体交渉の場で応じられました。

そのときの交渉で益川先生と対峙した吉田寮生と、時代を越えた座談会が実現しました。

座談会は、2019年9月20日の13時から、京都産業大学でおこなわれました。お立ちあいくださった、京都産業大学の森由佳様にこの場を借りて御礼申し上げます。益川敏英先生のご冥福をお祈りいたします。

て直していただきました。そのお礼にということで、吉田寮に来ていただいて一緒にお酒を飲もうということになったのです。

益川敏英　そのときおもしろかったのは、吉田寮に行ったとき、6人ぐらいの「儀仗兵」がいたんだよね。

＊＊インタビュー当時。

写真（上）「1996年益川団交」のビデオより。マイクを握っているのが益川先生。
（中央）　益川先生と、安田氏（中央）、福島氏（右）。
（下）　1996年に交わされた確約書を眺めながら。

安田　あはは。
益川　汚い手ぬぐいや、マスクをして。
安田　そうです。益川先生をお迎えするために、ヘルメットをかぶって。
益川　あの6人のなかにいたの？
安田　いました。黒ヘル（黒いヘルメット）で覆面して、ゲバ棒*を持って立って歓迎しました（笑）。事前に寮生同士で相談して。
益川　そこを通過したときにね、大将の人には「すみません、ちと若いのがはねてました」と言われましたね。
安田　若い者がはねてすみません、と（笑）。
福島　吉田寮から帰ろう、とは思いませんでしたか。
益川　いや。1960年代みたいに、ゲバ棒でぶったたくというのはない、節度を心得ているから。身体的な暴力を与えることはないわけでね。
安田　あのときは、遊びというか、おふざけでやっていて、それが先生に伝わっていたと思いますね。
福島　信頼関係が築けていたのですね。
安田　せっかくだから先生をびっくりさせようと、あれが僕らのせいいっぱいのおもてなしだ

＊左翼活動家が用いた角材などの武器。1990年代にも吉田寮にはヘルメット等は常備されていたものの、左翼活動じたいに関わる学生は減っていたと思われる。

と考えたのです。宴会のときも、みんなで肩を組んで歌いました。吉田寮はそのような、新左翼的な文化が残るノリだったので、当時、寮で伝統的に歌い継がれていた「インターナショナル」*などの歌を、肩を組んで歌っていました。そうしたら、益川先生も一緒に肩を組んで歌っていただいて。

益川　一応は、インターを歌いましたよ。

安田　そのとき、寮生が「ワルシャワ労働歌」**も歌ったのです。そうしたら、益川先生は怒ってしまって。「僕たちは絶対に、それを歌わなかった！」と。

益川　ワルシャワ労働歌、ワルシャワンカは、歌われた意味あいが違う。ワルシャワが実際にソ連に弾圧され、実際の危機のなかで歌われたもの。だから、意味が違う。「そういうことを、知っているか！」とか言ったね（笑）。

安田　そう、そう言われたんですよ！　逆に、感動しました。そういう、新左翼学生が好む歌を歌って、「道義が違う」という理由で先生から怒られるという貴重な経験をしました。

益川　ワルシャワでは、弾圧された記憶があるからね。だから「そういうことを、知っているか！」と言ったのです。

＊パリ・コミューンの労働者詩人、ウジェーヌ・ポティエ（1816～1887年）が作詞した。
＊＊ポーランドの革命詩人、スヴェンツキーが作詞した。

◈吉田寮生に人気だった益川先生

安田　それで、当時の吉田寮生は、さらに学生部長の益川先生が大好きになったと思います。僕の知っているかぎり、先生のことを悪く言う人はいなかったですね。

団体交渉というと、最近の世の中からは減ってしまいました。益川先生ぐらいの時代だと、めずらしいものではなかったのではと思います。

益川　めずらしいことでは、ないですね。そう違和感があるものではない。

安田　労働組合運動など、ある程度、ご年配の方のほうが理解があると思います。若い人のなかには、「団体交渉はこわい」というような、政治アレルギーのようなものがあるかもしれません。当時のその、益川先生を寮の宴会にお呼びできた団交以降、京大では副学長制度の導入を決定するという評議会が開かれました。益川先生は評議員になられていたのですが、そのとき、僕にとって思い出深い益川先生のエピソードがあります。

吉田寮生にも十分に知らされぬあいだに、学生の交渉対象が学生部長から副学長へ変わるなどの副学長制*が議決されたときでした。それで抗議のために、寮生や学生200人ぐらいが、時計台に抗議に向かったことがあります。先生方が会議が終わって出てくるのを待ち構えて、一人ひとりに「賛成したのか、反対したのか」と聞いて、押しかけたのです。覚えていらっしゃいますか？

＊1997年、京都大学は副学長制導入を決定した。

益川敏英（ますかわ・としひで）　1940年、愛知県生まれ。理論物理学者。京都大学名誉教授、京都産業大学名誉教授。1967年、名古屋大学大学院理学研究科博士課程修了。京都大学基礎物理学研究所教授、同大学理学部教授などを歴任。1995年から96年にかけ、京都大学学生部長として吉田寮生と交渉した。2008年、ノーベル物理学賞受賞。2021年7月、逝去された。

益川　わかりません。

安田　そのとき、益川先生が出てこられたのですよ。益川先生が学生部長のときに、交渉もしていたし、お話しもしていたので、吉田寮生は説明して欲しいと益川先生のところに走っていった。みなエキサイトしているし、たくさんの人数で混んでいるので、暴力的な意図はもっていなかったと思うのですが、肩に手が当たったり押し合いになったりしたかと思います。

益川先生はそれに怒られて、「そういう肉体的な、暴力はだめだ。君たちが、そういう暴力的な抗議をするなら、僕はもう何もしゃべらない！」と目をつむって、屋外の渡り廊下の途中で、あぐらで座り込んでしまった。学生はみな困ってしまった。

団交や宴会で益川先生とよくお話ししていた僕に白羽の矢が立って、「安田、なんとかしてくれ」と呼ばれてその場に行くと、益川先生が目をつむって、腕組みにあぐらで岩のように動かずにおられて。「先生、手が触れたとかあったかもしれず、たしかにそれはよくなかったかもしれません。でも、評議員がもっている権力と、それを行使する暴力性を、どう思われているのですか？」「学生の側のささいな暴力を問題にして、自分たちの評議員の暴力はどう思われているのですか？」などと先生に話しかけました。

するると目を閉じていた益川先生が、反論したいご様子でまぶたをふるわせました。もうちょっとで、口を開いてもらえると思ったその瞬間、先生は、座って目をつぶったまま、指で空中に難しそうな数式を描き始めました。たぶん、物理の計算をすることで精神集中をされようとしていたのでしょうか。みんなで、あっけにとられました。
そのときはまだノーベル賞を取られていないときでしたが、周囲の学生たちは「すごい、これが世界一流の物理学者か……」とどよめきました。その光景が印象深かったです。
そのときの副学長制導入があり、その後、2004年の国立大学の独立行政法人化*があり。いまになって、僕らが危惧していたとおり、学生が意見を言う場もなくなってしまいました。

福島　1997年の副学長制導入に、先生はどのようなご意見でしたか？

益川　いろんな議論のところでは、反対したこともあるけれど、大学側に抵抗する力はすでになかったですね。

安田　益川先生は職員組合活動をされていたこともあるなかで、役職につかれ、大学のなかの責任者の立場で学生と交渉をされるなど、いろいろなお立場で大学の自治と関わってこられたと思います。

益川　それほど、大学側に、十分な力を出したことはないですけれどね。ずっと、組合費を払っていた程度で。基研（京都大学基礎物理学研究所）の所長になると、組合に入れないの。だけど、隠れ組合員として、ちゃんと払っていました。

福島　そういう活動が大事だと思われていたのですか？

＊法人化して20年を迎えた2024年4月、朝日新聞が全86国立大の学長に尋ねたところ、回答者の7割弱が、教育・研究機関として「悪い方向に進んだ」と考えているという記事が出ている。出所：朝日新聞デジタル4月8日付「交付金減った国立大　法人化20年、学長7割「悪い方向に進んだ」」

益川　そんなに。ちゃんと組合員費くらいは払っておこうと思って、払っていました。
安田　先生は吉田寮に、どのようなイメージをお持ちでしたか？
益川　学生さんもあまり、交渉が上手でないのかな。寮に対する要求とかね、あったって、それは（予算を）取れるんだけど、取らないのね。僕らの頃だったら、こういう建物を建てて欲しい、と寮生に言われたら、建てる準備はできていたと思います。だけど、当時、東大の三鷹寮ができましたが、個室で、寮費が銀行振込になっていたりと、学生さんの立場からいうとコントロールできないわけ。
福島　自治権がない、ということですか？
益川　そうそう。個室であって、そこに対する寮費はみな銀行振込になっている。吉田寮は今もまだ、違うでしょう？
安田　そうですね。今も、手で集めていますね。新寮の話も、たしか益川先生のときの団交で出ました。文部省の言う、このかたちでなら建てられるけれど、寮自治会はのめない、というかたちでずっと平行線でした。
福島　２０１５年にやっと新棟が建ちました。
安田　最近、建ったんですよ。共同スペースもちゃんとあって、自治や共同性が確保されるという寮生側の長年要望していたかたちです。長年の寮と大学の問題も一件落着するかと思ったら、その後もめてしまった。

福島　益川先生からすると寮の側も、もっと要望を出したらよいのに、と思われたということですか。

益川　建前があって、のめないこともあるんだよ（笑）。そういうものを柔らかくしたらね、歩み寄れるところはあるんだけれど。それをどこかでガッツンとぶつかっちゃうとね。

福島　いまは折り合いがついていない状態をひきずっているなあという感じですか。

益川　うん。

福島　京大では最近、立て看板が規制されたり、学生の処分が続いています。また吉田寮とは別にある女子寮の場合、完全に管理寮化し、寄宿料がこれまで月額400円だったのが、2万5000円に上がりました。学内処分でいうと、無期停学処分になる学生が、ここ2、3年のあいだに出ています。大学の方針に対して異議を唱えた学生は処分されています。

学生が、物を言えない状況になっていて、職員が強引に立て看板を撤去するのですが、撤去を止めようとして職員に妨害した、公務執行妨害だと処分されるのです。これがいま、京大で起こっています。吉田寮はいま潰そうとされているのですが、寮生との対話を京大が拒否しています。一切、団交を受け付けてもらえません。

寮生が抗議に行くと、いまの大学は警察を呼びます。寮生が本部棟の前にいるところに、警察が20人ぐらい取り囲む、ということが今までに2回ありました。それで最後に、寮の明け渡しを求めて裁判で訴えられたのが2019年4月です。

益川　僕の立場からいえば、あんまり正常ではないね。

◈学問と、運動に明け暮れた学生時代

益川　1960年のはじめごろは、実際に生命の危機を感じるような状況はあったわけだから。

安田　1960年頃はちょうど、日米安保*（安全保障条約）闘争の時代ですね。

益川　僕は、呼びかけはやりませんでしたが、デモや集会があれば行っていましたよ。デモばかりに行って時間がなくなったけど、勉強もしていた。午前9時から安保反対の署名集めをして、それが終わると、自由時間になる。そこから友達と喫茶店に入って、物理の本の輪読をしていた。だからよく勉強ができたの。喫茶店が開いているのは、夜の11時ごろまで。それまで、本を読んでいた。学生服の背中に大きなポケットがつけられていて、そこに本が入っている。それで余った時間があれば読んでいました。

福島　そういう反対運動と、学問をするのが当たり前の時代だったのですね。

益川　そうそう。授業に出なかったって、先生から教わることは何もないんだもん。自分たちで、足らんものを勉強するわけです。

＊日米安全保障条約。締結をめぐり大規模なデモ闘争が繰り広げられた。

福島　そういった仲間との時間が、勉強には重要だったのですね。
安田　いまの学生は、仲間と集まって輪読するといった、本質的なことを考えたり話し合ったりする時間が先生の学生時代と比べて少なくなっています。先生の頃は、政治も関心があれば参加するし、学問も自分たちでやっていた。いまはそういうものが分断されてしまっている。
益川　名古屋大学4年生のとき、愛知県議会の公安条例改正の審議のときに傍聴に行きました。傍聴券が5枚手に入ったので、5人入って、1人が5人分の券を持って出てくると。
安田　傍聴券を交換しながら、入っていったのですね。
益川　5人入って1人だけ出てきて、また、新たに入ったやつが議場で野次を飛ばして、騒ぐわけ。そうやって騒いでいると、機動隊のお兄ちゃんに、両腕をもたれてつまみ出されました。僕はご覧の通り、背が低いので、完全に足踏みしちゃう（笑）。
安田　僕は背が低いし、機動隊にごぼう抜きされたこともあるのでその気持ちがよくわかります（笑）。
益川　捕まえられた仲間は、3人に1人くらい、一晩「お泊まり」になってしまった。お泊まりになっちゃうと、直前に迫っていた大学院の入学試験が受けられなくなる。
安田　ぎりぎりですね。
益川　僕はうまく、助かった（笑）。

安田　そこで捕まっていたら、ノーベル賞もなかったですね。見逃してくれてよかったですね。

安田　益川先生は、大学と社会のあり方や、それらを含めて大学のなかの権力や自治に、どういうご意見をお持ちでしょうか。

◆自由気ままに、生きさせてもらった

益川　学問もそうだけど、やるなといって権力で押さえ込んでくることは誰もなかった。やりたいことはやれた。自由気ままに、生きさせてもらいました。

安田　益川先生は、学生のときから、自分を貫かれて今に至られたのですね。

益川　そう。僕が歩んできた道が、比較的そういう、馬鹿なことを許してくれるような場所なのね。組合運動をやりたければやれるし。今年は、そんな雰囲気じゃないからやらん、とかも言えた。

安田　わがままにさせてもらえる、みたいな。

益川　今年は組合なんかやっている時間はない、とか断ったのはね、間違いない。あとから見て、「しまったなあ。俺がやってやればよかったな」と。「今年はそんな雰囲気じゃない」と言って代わってくれた人がね、その年からみれば、非常につらい時間を使ったなと思う。

福島　先生の時代は、だれかがやらなきゃいけない仕事の一つに、組合運動があったのですね。

京大のときは、労働組合の書記長をされていたそうですね。

益川　そうですね。というほど、必死でやったわけじゃないです。まあ、いまやった方がいいなという仕事があれば、じゃあやろうか、と。

福島　社会が当時と、変わってきているのですね。自由について考えることもなく、自由を貫き通せたのですね。

益川　それは、時代が良かったのだろうね。何をやっても許された。名古屋大学の教授会に乗り込んだこともあったね。「発言していいか」と言って。教授会があって、そこのところに土足で乗り込んで、発言していいかって言って議論になるでしょ。そうすると、もう、議論しているわけ（笑）。

安田　学生時代にですか？　教授会に乗り込んでいって……。

益川　「議論していいか」と。

安田　いいかわるいかどうかと、そこから議論が始まっていて（笑）。

益川　もう、始まっている（笑）。早川幸男先生*がいらっしゃって、もう、議論を始めているんだ（笑）。

＊１９２３～１９９２年。物理学者。１９７０年から名古屋大学理学部長をつとめられた。

◈友達と議論をしよう

福島　さいごに先生から、学生へメッセージをお願いします。

益川　時間は無限にあるんだ。友達とね、夜を徹して、議論をしたほうがいい。やはりいま自分が、何を考えているのかとかがわかるようになる。そうするとね、不思議なことにね、自分が大して評価していなかったやつが、ヘーゲルを読んでいやがると。腹が立つわけ（笑）。家に帰ると、本箱をひっくり返して、探し出して、必死に本を読むわけ。友達同士で競い合うことに意味があると思う。「あいつはあんな本を読んでいる。俺は負けてはならん」と。

福島　いまの時代の流れのなかで、新しい状況はたしかにあるのですけれど、自由をどう実現していったらよいでしょうか。

安田　益川先生がご存じかわからないのですが、吉田寮の「話し合いの原則」というのはおもしろくて、一つは、ルールをつくらないというルールがあります。

益川　ルールを作ってるね（笑）。

安田　はい、形式矛盾しているのですが。ルールを根拠にして命令するのではなく、なにかをしてほしいときとかは、必ず話し合って合意して決める。話し合いも、強い者が言うことを聞かせるとなると話し合いも形だけになるので、権力を作らず、対等な関係を作ろうとしていました。そのため、吉田寮では敬語というのが事実上ほとんど使われないのです。

権力を作らない空間で初めて深い議論ができる。そういう空間は、ほかにないと思うのですね。話し合いで物事をフラットに決めていくことで、そこで生まれたものが社会に還元されていくという意味で、社会のために大学の中が自由でないといけないと僕は思うのです。大学のエリートが自由を特権的に謳歌するのではなくて。いまの状況だと、学問自体がもちろん自由じゃないし。それこそ軍事協力といったことばかりされてしまう可能性がある。

益川　いまも元気のいい人は、いるよ。安保関連法に反対するママの会とか。規則が非常にゆるいんだよね。かならずしも来なくてもいい。だけど、時間のある人が、金曜日にここで集まっているから、ここへ集まりなさい、とか。だから、ああいうやり方は、非常に新しいかたちだと思う。昔はかならず、ナショナルセンター（労働組合の全国中央組織）みたいなのがあってね。そこが、来い、というと、みんなが集まるわけね。

安田　動員みたいなかたちで……。

益川　そう。いまはそれが、機能しなくなったもんだから。来れない人は来なくともいいけど、かならず、金曜日の何時に集まるから、来られる人は来て下さい、と。そうすると、集まってくるんだよね。今はどうしているか、知らんけど。

安田　そういう草の根の、勝手連みたいな運動ですね。時代は、そうかもしれないですね。

福島　寮生にも伝えます。ありがとうございました。

（構成と写真撮影＝越道京子）

索　引

あとがきにかえて

2024年2月16日、京都地裁での判決のあと、京大吉田寮に関する報道が急速に増えており、さまざまな現役寮生の生の声が拾い上げられている。

そのなかで、テレビ報道における寮生の発言を、ここでは紹介したい。

「自治寮に入る前は、決められたことに従うのが当たり前みたいに思っていたんですけど、大学がどうあるべきか考えるきっかけになりました」

「自分よりも偉い立場の人にもちゃんと意見を言うし、自分よりも偉くない立場の人の意見もちゃんと聞く、それに真摯に応える態度が育ったんじゃないかと思います」

2024年3月29日、朝日放送テレビ「news おかえり」内のインタビューより。

京都大学教育学研究科の駒込武先生*のX（ツイッター）の投稿を参考にさせていただいた。

＊駒込武先生のXアカウント https://twitter.com/KomagomeT

本書では編集者の力不足により、現役寮生の原稿を幅広く集めることができなかった。ほとんどが元寮生の原稿となってしまっている。報道では、うまく取材を通じて声を掬い上げることに成功しており、いまを生きる寮生が、それぞれの思いを吐露してくれている。

今後、吉田寮自治会のウェブサイトのみならず、ぜひそういう報道にも、注視してほしい。各テレビ局のYouTubeでも、内容が公開されている。

本書を通じて、吉田寮の魅力と価値が、より広く伝わっていくことを信じて。

2024年4月5日　実生社編集部

究極の学び場　京大吉田寮

2024年5月15日　初版第1刷発行

編　者　実生社編集部

発行者　越道京子

発行所　株式会社 実生社《みしょうしゃ》　〒603-8406 京都市北区大宮東小野堀町25番地1
TEL（075）285-3756

印　刷　創栄図書印刷株式会社

カバーイラスト　匿名ニャンキャット

カバーデザイン　スタジオ トラミーケ

ISBN 978-4-910686-12-7